성경으로 불안 극복하기

성경으로 불안 극복하기

지은이 | 이관직
초판 발행 | 2017. 9. 13
5쇄 발행 | 2024. 8. 22.
등록번호 | 제1988-000080호
등록된 곳 | 서울특별시 용산구 서빙고로65길 38
발행처 | 사단법인 두란노서원
영업부 | 2078-3352   FAX | 080-749-3705
출판부 | 2078-3331

책값은 뒤표지에 있습니다.
ISBN 978-89-531-2963-4 03230

독자의 의견을 기다립니다.
tpress@duranno.com   www.duranno.com

두란노서원은 바울 사도가 3차 전도여행 때 에베소에서 성령 받은 제자들을 따로 세워 하나님의 말씀으로 양육하던 장소입니다. 사도행전 19장 8~20절의 정신에 따라 첫째 목회자를 돕는 사역과 평신도를 훈련시키는 사역, 둘째 세계선교(TIM)와 문서선교(단행본·잡지) 사역, 셋째 예수문화 및 경배와 찬양 사역, 그리고 가정·상담 사역 등을 감당하고 있습니다. 1980년 12월 22일에 창립된 두란노서원은 주님 오실 때까지 이 사역들을 계속할 것입니다.

성경으로

불안

극복하기

나는 왜
**불안하고
두려울까?**

이관직 지음

두란노

목차

누구나 불안과 두려움은 있다

2007년에 출간된《성경과 분노심리》의 서문에서 분노와 맞먹는 핵심 감정인 불안에 대해서 성경을 통해 접근하는 책을 쓰겠다고 독자들에게 약속한 지 10년 만에 그 약속을 지킬 수 있게 되었다. 불안과 두려움과 씨름하는 성도들에게 성경 말씀으로 도움을 줄 수 있어 매우 기쁘고 감사하다.

불안은 나 또한 어릴 적부터 씨름하던 영역이다. 유년기에 적지 않은 아동들이 그렇듯이 나도 새 학년이 시작되기 전부터 과연 잘 적응할 수 있을까 불안했다. 아버지의 목회지가 여러 번 바뀌면서 초등학교를 세 번이나 옮겨야 했는데 그때마다 새로운 학교, 낯선 친구들과 적응하기가 쉽지 않았다.

중학교에 입학해서는 산수가 수학으로 바뀌면서 막연히 어렵다는 생각과 함께 잘할 수 있을까 불안했다. 그런데 중학교 1학년 수학 선생님이 시험 후, 점수가 낮은 학생들을 불러내 매를 때리는 바람에 나는 수학 공포증이 생겼다. 나도 몇 번 맞았다. 맞는 것이 겁이 났다. 그렇게 시작된 수학 공포증은 고등학교 3학년 초까지 계속 되었다. 특히 수학 시험 시간은 긴장의 연속이었다. 한 과정이라도 틀리면 오답이 나오는 수학 시험은 나에게 공포의 대상이었다. 시험지를 받아 들면 머릿속이 하얗게 되고 심장이 빨리 뛰었다. 그러느라 시험 시간이 끝날 때까지 제대로 푸는 문제가 별로 없었다. 매 맞는 것에 대한 두려움이 수학 자체에 대한 공포증으로 바뀐 것이다. 수학을 접하게 해 준 첫 선생님이 '무서운 대상'이 되면서 수학 자체가 두려움을 준 것이다.

큰아들이 수학과 컴퓨터공학을 전공한 것을 보면 나에게도 기본적인 수학 실력이 있었을 텐데 수학을 무섭게 가르쳤던 선생님이 원망스럽다(나 자신이 민감해서 그렇기도 했지만 말이다).

어릴 적부터 의사가 되고 싶었는데 그 꿈을 좌절시킨 데도 수학이 한몫했다. 자연계열에서 좋은 점수를 받으려면 수학 점수가 좋아야 하는데 점수를 까먹는 과목이 되었으니 말이다. 부산 의대를 가려던 내가 갑자기 예비고사(당시에는 대학수학능력시험을 예비고사라고 불렀다) 점수로만 특차를 뽑는 부산 공대에 원서를 낸 것도 입시에 실패해서 목사인 아버지를 수치스럽게 하지 않을까 하는 불안 회피

행동 때문이었다(넉넉지 않은 목사의 가정에서 사립대 의대를 지원한다는 것은 아예 생각조차 하지 못했다).

돌발적인 결정으로 생각지도 않던 기계설계를 공부하는 동안 수학은 나를 계속 괴롭혔다. 포기하지 않고 공대를 졸업한 것만도 하나님의 은혜였다. 이 책의 서문을 쓰면서 문득 고등학교 시절에 보던《수학의 정석》같은 참고서를 사서 수학의 기본 개념이라도 익혀 볼까 하는 생각이 들었다. 직면하는 의미에서라도 그렇게 해 보고 싶다.

당시는 고등학교도 시험을 치르고 입학했는데 시험 과목 중에는 체력장도 있었다. 체력장에서 내게 공포감을 준 종목이 있었으니 1000미터 달리기였다. 100미터 달리기는 남들만큼 달렸지만 1000미터는 뛸 때마다 숨이 차서 심장이 터져 죽을 수도 있겠다는 생각을 하곤 했다. 뛰고 나면 하늘이 노랗게 보일 만큼 너무 힘들었다. 1000미터 달리기에 대한 두려움은 군인들이 구보하는 모습과 연결되어 군 입대에 대한 두려움으로 전이되었다. 그래서 계속해서 군 입대를 연기했다. 그러다 이제는 두려움과 직면해야겠다 싶어 신대원 2학년 1학기 때 카투사 시험을 치러 합격했지만 한국군으로 차출되어 군사영어 번역병으로 복무하게 되었다. 논산훈련소에서도 역시 구보가 가장 힘들었다. 정강이 근육이 굳어지는 신체화 증상까지 생겨서 몹시 고생을 했다. 장거리 행군도 쉽지 않았지만 1000미터 달리기처럼 죽을 것같이 힘들지는 않았다. 감사하게도 훈련 기간 외에는 다른 군인들보다 군대 생활을 훨씬 쉽게 하고 제대했다.

10여 년 전 어느 날 '갑자기' 달리고 싶다는 생각이 들어 조깅을 시작했다. 처음에는 500미터도 힘들었지만 스스로 터득한 복식호흡법을 이용하면서 매일 100미터 정도씩 늘여 뛰었다. 이제는 5킬로미터는 부담 없이 뛸 수 있게 되었다. 뛰는 것이 더 이상 두렵지 않다. 오히려 즐겁다. 감사하다. 나도 장거리를 뛸 수 있다니 말이다. 불안장애를 치료하는 행동치료법 가운데 '체계적 둔감화'(systematic desensitization)가 있는데, 이 방법이 큰 도움이 되었다.

불안, 두려움과 관련된 개인적인 이야기를 하자면 끝이 없을 것이다. 지나온 시간을 돌아보면, 그리고 좀 더 일찍 불안과 두려움의 정체를 알았다면 내 인생이 더욱 활기 있고 신앙적으로도 성장했을 텐데 하는 아쉬움이 있다. 그 시절 누군가 내게 불안과 두려움에 대해 설명해 주었더라면 삶이 그렇게 힘들지는 않았을 것이란 생각을 한다. 그러나 그런 불안과 두려움도 하나님의 경륜 가운데 겪었다고 믿는다. 불안과 두려움으로 인한 고통이 의식적으로 또는 무의식적으로 목회상담학을 공부하게끔 했고, 이렇게 불안에 대한 책을 쓰게 했다고 생각한다. 이 책이 불안과 두려움으로 힘든 독자들에게 가이드 역할을 하길 바란다.

목회상담학을 공부하면서 정신분석학에서 인간행동에 대해 이해할 때 불안 이해에 초점을 맞추고 있다는 사실을 알게 되었다. 이는 나 자신의 불안을 이해하는 데 큰 도움이 되었다.

전통적인 정신분석학은 생득적이며 심리 내면적인 갈등에서 불안이 생긴다고 이해했다. 반면에 후기 정신분석학은 후천적이며 환경적인 관계 경험에서 불안이 생긴다고 보았다. 가족치료 이론에서는 가족 시스템이 역기능적일 때 불안을 제대로 처리할 수 있는 힘이 약하다고 본다. 가족 시스템이 불안하면 의사소통이 역기능적이어서 가족 구성원들이 공격적이 되거나 순응하거나 폐쇄적이 될 가능성이 높다. 나름대로 통찰력이 있는 접근이다. 그러나 이와 같은 심리학적인 불안 이해보다 더 근본적인 것은 성경이 말하는 불안 이해다.

불안과 두려움을 디딤돌로 삼으라

성경은 불안과 두려움이 죄에서 출발한다고 설명한다. 타락한 세상이 불안과 두려움을 야기한다고 본다. 그러나 불안과 두려움은 긍정적인 의미로 하나님과의 관계에서 꼭 필요하다고 주장한다. 성경은 "두려워하지 말라"고 수없이 말씀한다. 지혜로운 대처 방안도 제시한다. 그리고 불안과 두려움이 더 이상 필요하지 않는 종말론적인 하나님 나라가 있음을 소망을 품고 바라보라고 권면한다. 따라서 그 나라에 가기까지 당신의 삶에 불안과 두려움이 동반자처럼 함께 있다는 것을 인정하고 받아들이는 것이 필요하다. 불안과 두려움에 매여 종노릇하지 않고 디딤돌로 삼아 이 땅에서 하나님의 자녀로서 믿음과 사랑과 소망을 갖고 살아야 한다.

나는 수년 전부터 창세기부터 요한계시록까지 불안과 두려움과 관련된 성경 본문들을 읽으면서 떠오르는 생각들을 글로 적기 시작했다. 성경 인물들의 특성, 관계, 행동, 사건 그리고 스토리에 나타난 불안과 두려움의 이슈를 발견하고자 했다. 명시적으로 불안과 두려움에 대해 가르치고 명령하는 말씀에도 관심을 가졌다. 그렇게 누적된 글들을 정리한 것이 이 책이다. 분량이 많아서 불안의 종류에 대한 글은 뺐다. 이 책의 약 절반에 해당하는 분량이 나오기 때문이다. 불안의 종류만 다루는 책을 출간하게 될 날이 올 수도 있겠다.

성경 말씀이 독자에게 불안과 두려움을 이해하고 대처하는 데 힘 있게 적용될 수 있기를 바라는 마음에서 가능하면 성경 본문을 직접 인용했다. 번거롭게 여기지 말고 인용된 말씀을 읽고 묵상해 보길 바란다.

불안과 두려움을 대처하는 방안을 다루는 장이 다른 내용들보다 많이 할애되었다. 설명은 많이 하지만 처방과 치료책이 약한 것이 상담 관련 서적의 일반적인 경향인 점을 고려할 때 이 책은 예방책과 처방책을 중점적으로 다루었다는 점에서 장점이 있다고 생각한다. 대처 방안을 불안과 두려움의 원인과 결과에 따라 일일이 제시하지는 않았음을 밝힌다. 대신 원인과 결과를 다루는 중에 부분적으로 대처 방안을 제시했다. 불안과 두려움과 관련된 상담 사례는 전혀 다루지 않았다. 책의 초점이 아니며 성경 인물로도 충분히 좋은 사례가 될 것이기 때문이다. 마틴 로이드 존스 목사가 설교에서 자주 강조하듯이 성경 시대 인물들의 모습이나 오늘을 사는 현대인의 모습이나 근본적으로 동일하다.

독자인 당신이 책을 읽으면서 저자인 나와 직접 대화를 한다는 느낌이 들도록 글을 쓰려고 노력했다. 책을 통해 당신이 저자에게 상담을 받는다는 느낌이 들면 나의 글쓰기는 성공적이라고 생각한다. 그렇게 경험할 수 있기를 희망한다.

성경에 나타난 불안과 두려움에 관련된 본문들을 다 다루지는 않았다. 지면의 한계도 있고 나의 한계도 있다. 그럼에도 독자인 당신이 이 책을 읽고 나서 불안과 두려움의 정체를 명료하게 이해하고 대처하고 극복하는 데 지혜와 능력이 생긴다면 이 책을 쓴 수고와 보람이 있을 것이다. 아울러 이 책이 불안 때문에 제대로 성장하고 변화하지 못하는 신앙인들에게 성숙으로 나아가는 디딤돌이 된다면 더 없이 기쁠 것이다.

《관계의 걸림돌 극복하기》의 후속 책을 출간하면 좋겠다는 출판사의 제안을 받고 용기를 내어 이 책을 탈고하게 되었다. 기꺼이 출간을 제안해 준 두란노에 감사한 마음을 표한다.

Soli Deo Gloria!

2017년 가을
이관직

chapter 1

불안과
두려움이란

　모든 인간은 수많은 양상의 불안과 두려움을 경험하면서 이 땅을 살아가고 있다. 일일이 종류를 헤아리기가 어려울 정도다. 원자력발전소에 문제가 생겨 핵에 노출될까 봐 두려움을 느끼는 사람들이 있다. 경주 지역 주민들은 반복되는 지진으로 한동안 불안에 시달리기도 했다. 남북 간에 전쟁이 날까 봐 두려워하는 사람들도 있다. 전쟁의 위협에서 비교적 안전한 미국 사람들 중에도 핵 전쟁의 불안에서 자신과 가족을 보호하기 위해 지하 벙커식의 집을 짓고 사는 이들이 있다고 한다. 고압 전류가 흐르는 송전탑 근처에 사는 사람들 중에는 전자파 때문에 불안해 하는 이들도 있다. 이와 같은 예를 든다면 이 책 전체의 지면을 할애해도 모자랄 것이다.

1 불안과 두려움의 정의

선지자 이사야는 하나님 나라가 회복될 때의 모습을 범죄하기 전의 에덴의 모습으로 묘사했다. 자연계에서 불안과 두려움을 찾아볼 수 없는 모습을 다음과 같이 표현했다.

> 그때에 이리가 어린 양과 함께 살며 표범이 어린 염소와 함께 누우며 송아지와 어린 사자와 살진 짐승이 함께 있어 어린 아이에게 끌리며 암소와 곰이 함께 먹으며 그것들의 새끼가 함께 엎드리며 사자가 소처럼 풀을 먹을 것이며 젖 먹는 아이가 독사의 구멍에서 장난하며 젖 뗀 어린 아이가 독사의 굴에 손을 넣을 것이라 내 거룩한 산 모든 곳에서 해 됨도 없고 상함도 없을 것이니 이는 물이 바다를 덮음같이 여호와를 아는 지식이 세상에 충만할 것임이니라 사 11:6-9 ; 이리와 어린 양이 함께 먹을 것이며 사자가 소처럼 짚을 먹을 것이며 뱀은 흙을 양식으로 삼을 것이니 나의 성산에서는 해함도 없겠고 상함도 없으리라 여호와께서 말씀하시니라 사 65:25

이사야는 하나님 나라를 '해함'과 '상함'이 없는 곳으로 묘사했다. 이리와 어린 양이 함께 사는 것, 표범이 어린 염소와 함께 눕는 것, 송아지와 어린 사자가 함께 사는 것, 암소와 곰이 함께 먹는 것, 젖 먹는 아이가 독사의 구멍에서 장난하는 것. 이 모든 장면은 관계에서 불안이나 두려움이 전혀 없음을 상징한다.

에덴동산은 불안과 두려움에서 자유로운 곳이었다. 그러나 죄가 에덴동산에 들어오면서 불안과 두려움이 시작되었다. 따라서 역사적으로 에덴동산과 종말론적인 천국 사이에서 존재하는 모든 인간은 살아 숨 쉬는 동안 불안과 두려움을 경험한다. 엄마 뱃속에서부터 무덤에 들어갈 때까지 불안과 두려움에서 자유로운 사람은 단한 명도 없다. 하나님의 자녀라고 해서 예외는 아니다.

불안은 '아닐 不'자에 '편안할 安'자로 이루어진 한자어다. 여기서 '安'은 집에 여자가 있는 상태를 의미한다. 즉 엄마가 집 안에서 안주인 역할을 잘하는 것이 평화롭고 편안한 상태라고 본 것이다. 영어로는 'anxiety'라는 단어가 대표적으로 사용된다. 형용사형 'anxious'는 '불안해서'라는 의미도 있지만 간절히 무엇인가를 하고 싶어 하는 상태를 표현하기도 한다.

불안(anxiety)은 두려움(fear)과 밀접한 관계가 있으면서도 구별되어 사용된다. 불안은 정확한 원인을 알 수 없는 상태에서 편안하지 않은 것(uneasy, uncomfortable)을 의미하는 반면에 두려움은 편안하지 않은 이유와 대상을 알 수 있다는 점에서 구별된다. 두려움은 불안의 이유와 대상이 분명할 때 사용된다. 예를 들어, "나는 혹시 시험에서 떨어지지 않을까 두렵다"라고 표현하는 경우다. 두려움이라는 표현 대신 무서움이라는 표현도 많이 사용된다. 공포증(phobia)은 두려움이 특정한 대상과 연결되며 그 대상을 회피함으로써 두려움을 감소시키는 증상을 종합해서 일컫는 말이다. 예를 들면, 고소 공포증, 뱀 공포증, 광장 공포증, 무대 공포증과 같은 경우를 말한다 (이 책에는 불안과 두려움을 구별하지 않고 번갈아 사용할 것이다. 의미를 구별해야 하는 문맥에서는 구별해서 사용하지만, 함께 사용할 때가 많을 것이다).

불안과 두려움이 삶에서 정상적인 기능을 하지 못할 때 '불안장애'(anxiety disorder)로 진단될 수 있다. 최근까지 불안장애는 크게 다섯 가지 하위 진단명으로 분류되었다. 공포증, 강박증/강박장애 (obsessive-compulsive disorder, OCD), 공황장애(panic disorder), 외상후 스트레스장애(post-traumatic stress disorder, PTSD), 그리고 범불안장애(generalized anxiety disorder, GAD)다. 최신판인 DSM-V(정신장애 진단 및 통계 편람. 정신과에서 사용하는 진단 매뉴얼로서 현재 5판이 사용되고 있다. Diagnostic & Statistical Manual of Mental Disorders-V의 약어)에서 강박장애와 외상후 스트레스장애는 독립된 장애로 분류되었고, 네 개의 새로운 진단명이 추가되었다: 분리불안장애(separation anxiety disorder), 선택적 함구증(selective mutism. 말을 할 수 있는 능력이 있지만 사회적 상황에서 말이 없는 것), 사회불안장애(사회 공포증, social anxiety disorder or social phobia), 광장 공포증 (agoraphobia).

그러나 이 책에서는 이전 진단 분류를 따랐음을 밝힌다. 각 불안장애의 세부적인 특징에 대해서는 더 다루지 않음을 양해하길 바란다. 불안장애가 관계에 걸림돌이 될 수 있음에 대해서는 이미 출간된《관계의 걸림돌 극복하기》에서 다룬 바 있다.

이사야는 "모든 육체는 풀이요 그의 모든 아름다움은 들의 꽃"(사 40:6)이라고 인간을 이해했다. 풀이나 꽃과 같이 연약하면서도 잠정적인 존재가 인간이다. 사도 바울도 인간을 취약한 '질그릇'에 비유했다(고후 4:7 참조). 특히 위협 앞에서 약하며 그 생명이 언제 끝날지 모른다는 점에서 인간은 불안과 두려움을 느끼며 사는 존재다.

욥은 감당하기 힘든 트라우마(trauma. 헬라어에서 온 영어 단어로서 표식을 하기 위해서 말이나 소의 피부에 뜨겁게 달군 쇠로 순간적으로 지지는 낙인을 의미한다)를 겪은 인물이다. 사랑하는 자녀 열 명을 동시에 잃었고, 재산상의 큰 손실도 경험했다. 뿐만 아니라 견디기 힘든 피부병으로 잠을 이룰 수 없을 만큼 고통을 겪었다. 그러나 그가 씨름했던 가장 큰 아픔은 하나님과의 관계에서 오는 불안과 두려움이었다. 하나님의 긴 침묵과 더불어 끝나지 않을 것 같은 신체적, 정신적 고통 때문에 두려워했다. 그는 신체적 고통을 포함하는 고통에 대한 두려움을 솔직하게 표현했다: "내가 두려워하는 그것이 내게 임하고 내가 무서워하는 그것이 내 몸에 미쳤구나 나에게는 평온도 없고 안일도 없고 휴식도 없고 다만 불안만이 있구나"(욥 3:25-26). NIV 성경은 26절을 "I have no peace, no quietness; I have no rest"라고 번역했다. 그는 고난 속에서 평안을 상실했다. 마음에 안정과 쉼을 얻지 못했다. 그는 "다만 불안만이 있구나"라고 자신의 상태를 표현했다. 이처럼 불안과 두려움은 안정과 쉼의 반대 경험을 의미한다.

불안과 두려움은 고난과 위기와 관련이 깊다. 사람들은 대부분 깨어진 세상 속에서 예측할 수 있는, 혹은 예측할 수 없었던 고난과 위기를 겪는다. 고난과 환난, 고통과 위기는 전인격적인 영역에서 우리를 위협한다.

위험 또는 위협과 관련해서 불안을 뇌신경학적으로 간략하게 이해하는 것도 유익하다. 위협적인 정보가 들어오면 뇌는 생존하기 위해 불안과 관련된 경보장치를 작동시킨다. 정보를 바로 편도체(amygdala)와 해마(hippocampus)로 보내서 비슷한 경험이 있다고 여겨지면 경보장치가 가동되는 것이다. 그래서 위협적인 상황과 싸우거나(fight), 회피하며 도망가게(flee) 도와준다. 불안하거나 두려우면 화가 나고 공격적으로 변하는 것이다. 그리스도인들도 불안하고 두려울 때 자신에게 화가 나며 가족, 심지어 하나님께 화를 낸다. 위협적인 상황에서 옴짝달싹 못하고 '얼어'(frozen) 버리는 경우도 간혹 생긴다. 이럴 때 위협적인 정보가 전두엽(prefrontal cortex)으로 전달되도록 차분하게 대처하면 정말 두려워해야 하는 상황인지를 검토하고 분석할 수 있는 시간적 여유와 심리적 여유를 갖게 된다. 그러면 불필요한 영역에서 두려워하지 않을 수 있다.

불안은 위협적인 상황이 일어날 것 같은 느낌을 뜻한다. 안 좋은 일이 생기지 않을까 염려하며 걱정하는 마음 상태다. 불안하면 '혹시?'(what if… ?)라는 생각이 자꾸 든다. 위험에 대비하려고 마음의 끈을 놓지 않고 긴장하게 된다. 불안을 느끼지 않기 위해 여러 방어 기제를 쓰게 된다.

두려움 자체를 부인하거나 억압하는 방어 기제를 사용하는 것은 건강하지 않은 대응책이다. 성경적인 접근도 아니다. 두려움을 느끼고 인식하되 그 두려움을 어떻게 처리하느냐가 중요하다.

적절한 수준에서 불안과 두려움을 느끼면 세상을 사는 데 유익하다. 적절한 긴장감과 스트레스를 통해 일을 효율적으로 처리할 수 있기 때문이다. 위험한 상황이 되었는데도 불안이나 두려움을 전혀 못 느낀다면 경보장치가 완전히 꺼져 있는 것과 같다. 성을 지켜야 하는 파수꾼이 잠을 자고 있는 것과 같으며, 개가 잠만 자면서 위험한 상황에서도 짖지 않는 것과 같다.

반대로 이유 없이 경보장치가 계속 울린다면 시끄러워서 견딜 수 없을 것이다. 뇌의 인지 작용 기능에 계속 오작동이 일어나서 위협적이지 않은 상황에서도 긴장하고 두려워한다면 삶의 에너지가 금방 고갈될 것이다.

불안과 두려움의 정체를 잘 이해하면 세상을 담대하게 살아갈 수 있다. 또한 불안과 두려움으로 고통받는 가족이나 친구들 그리고 다른 이웃들을 도와줄 수 있다.

불안과 두려움은 초조감으로 경험될 수 있다. '그을릴 焦'에 '마를 燥'의 뜻을 가진 초조라는 단어는 불안한 마음을 잘 표현한다. 애가 타서 마음이 조마조마한 것이 초조감이다. 이런 수준의 불안은 신체적인 증상을 수반한다. 현기증, 식은땀, 호흡 곤란, 불규칙한 심장박동, 입이 마르는 것 같은 느낌이 대표적인 증상이다. 때로는 머릿속이 하얗게 느껴지며 긍정적인 생각을 거의 할 수 없는 증상이 동반된다. 그러다가 부정적인 상황이 현실로 벌어지면 일시적으로 졸도까지 한다. 감내할 수 있는 불안의 수준을 넘어서기 때문이다.

시스라의 어머니는 이 초조감을 경험했다. 시스라는 가나안 왕 야빈의 군대장관이었다. 그는 철 병거 900대를 끌고 바락이 앞장선 이스라엘과 전투를 벌였지만 이 전투에서 대패하였다. 그는 도망하던 중에 겐 족속 출신인 헤벨의 아내 야엘의 장막에서 잠을 자다가 비참한 최후를 맞았다. 야엘이 장막 칠 때 쓰는 말뚝을 그의 관자놀이에 관통시켜 죽인 것이다(삿 4:12-22 참조).

여자 사사 드보라와 바락의 승전가가 울리는 가운데 시스라의 어머니가 아들의 소식을 초조하게 기다리는 장면이 성경에 잘 묘사되어 있다: "시스라의 어머니가 창문을 통하여 바라보며 창살을 통하여 부르짖기를 그의 병거가 어찌하여 더디 오는가 그의 병거들의 걸음이 어찌하여 늦어지는가 하매"(삿 5:28). 이어서 그녀의 초조감이 표현된다: "그들이 어찌 노략물을 얻지 못하였으랴 그것을 나누지 못하였으랴 사람마다 한두 처녀를 얻었으리로다 시스라는 채색 옷을 노략하였으리니 그것은 수놓은 채색 옷이리로다 곧 양쪽에 수놓은 채색 옷이리니 노략한 자의 목에 꾸미리로다 하였으리라"(삿 5:30). 승전 소식을 상상하며 자신의 초조감을 다독이려는 그녀의 모습이 잘 묘사되었다. 안타깝게도 그녀는 자신의 아들이 여인의 기지에 속아 그의 관자놀이가 장막 말뚝에 박혀 수치스럽게 죽었다는 패전보를 들어야 했다. 그녀가 느낀 초조감은 곧 듣게 될 비보의 전조(前兆) 증상이었다. 초조감은 그녀가 경험하게 될 충격을 완충시키는 역할을 했을 것이다.

불안과 두려움은 신체적 반응을 일으킬 정도의 공포감으로 경험될 수 있다. 불안의 강도를 숫자 1에서 10까지로 표현한다면 공포감은 9나 10에 해당하는 두려움이다.

욥의 친구 엘리바스는 자신이 경험한 공포감을 잘 묘사하여 얘기했다: "사람이 깊이 잠들 즈음 내가 그 밤에 본 환상으로 말미암아 생각이 번거로울 때에 두려움과 떨림이 내게 이르러서 모든 뼈마디가 흔들렸느니라"(욥 4:13-14). 그는 이어서 "영이 내 앞으로 지나매 내 몸에 털이 주뼛"(욥 4:15)했다고도 묘사했다. 그가 경험한 것은 극도의 두려움 상태에서 겪는 신체화(somatization) 증상이었다. 모든 뼈마디가 흔들리고 몸의 모든 털이 서는 증상이 그렇다.

그렇다면 불안과 두려움은 어떤 기능을 감당할까? 신앙인의 삶에서 불안과 두려움은 어떤 의미가 있을까?

2 불안과 두려움의 순기능

첫째, 불안과 두려움은 이 땅에서 생존하도록 도와주는 역할을 한다. 당신이 잘 아는 바와 같이, 이 세상은 안전하지 못하다. 전혀 예상하지 못하게 고속도로에서 중앙선을 침범한 상대편 차가 당신의 차와 충돌할 수 있다. 공동 주택인 아파트는 편리하지만, 한 집에서 불이 나면 다른 집까지 옮겨 붙을 수 있다. 최근에는 영국의 24층 아파트 전체가 불길에 휩싸이는 참사가 일어나서 아까운 목숨들이 희생되었다. 이런 일들을 언급하려면 이 책의 분량을 다 써도 모자랄 것이다.

당신이 여전히 이 땅에 생존해 있다는 사실이 기적이다. 삶의 여정 도처에 깔린 지뢰밭을 통과해서 지금껏 죽지 않고 살아 있는 것은 돌아보면 하나님의 은총과 보호하심 덕분이다. 수많은 난관과 위기들을 극복하고 살아남는 데는 불안과 두려움이 한몫했다고 말할 수 있다. 하나님이 당신을 보호하기 위해 적절하게 불안과 두려움을 느끼도록 하셨다고 말할 수도 있다. 필요할 때 불안과 두려움을 느꼈기 때문에 미연에 방지할 수 있는 위험들을 피할 수 있었다. 불안과 두려움 덕분에 무모하게 위험한 상황에 뛰어들지 않고 살 수 있었다.

다윗은 기름 부음을 받은 후에 생명의 위협을 수없이 느껴야 했다. 질투에 눈이 먼 사울 왕이 이끄는 군대의 추격을 여러 번 당해야 했다. 간발의 차이로 죽음의 문턱을 벗어난 적도 있었다. 왕이 된 후에도 예외가 아니었다. 아들 압살롬이 헤브론에서 반역을 도모했다는 전령의 말을 들었을 때 다윗은 상황이 심각함을 직감했다. 그는 몹시 두려웠고, 즉시 도망하는 방안을 모색했다. 다윗이 한 다음의 말은 그 입장을 잘 설명해 준다: "일어나 도망하자 그렇지 아니하면 우리 중 한 사람도 압살롬에게서 피하지 못하리라 빨리 가자 두렵건대 그가 우리를 급히 따라와 우리를 해하고 칼날로 성읍을 칠까 하노라"(삼하 15:14). 이 두려움은 다윗과 그의 신하들이 즉시 피난 행렬에 오를 수 있도록 해 줬다. 그런 점에서 그가 느낀 두려움은 현실에 기반을 둔 것이었다. 그와 그의 백성이 느꼈던 두려움은 그들의 목숨을 살리는 데 기여하는 순기능적 역할을 했다.

둘째, 불안과 두려움은 위험을 알리며 회개를 촉구하는 경보 장치 기능을 한다. 노아 시대 사람들은 노아의 경고를 무시했다. 하나님이 홍수로 심판하실 것이라는 경고에도 불안을 느끼거나 두려워하지 않았다. "모든 혈육 있는 자의 행위가 부패함"에도 불구하고 그들은 심판에 대해서 불안해하지 않았다(창 6:12). 존 번연은 이들의 모습을 그의 신앙 소설《저니 투 헬(지옥역정)》(예찬사 역간)에 등장하는 주인공 배드맨을 통해 잘 묘사했다: "배드맨은 회개로 이어지는 죄에 대한 지적이나 인식을 아예 거부했습니다…. 혹시라도 그를 찾아와 그의 죄악된 삶에 대해 이야기하는 사람이라도 있으면 자신이 즐기고 있는 안온함(항상성)이 깨어지고 또다시 회개라는 혼란에 빠질까 봐 모두 쫓아냈습니다"(2004, 255-56); "반면에 자기 친구들이 찾아오면 사업 이야기를 비롯하여 주택, 토지, 유명인사, 명예, 명소, 대내외적 발전이나 역경 등 세상 이야기로 꽃을 피웠지요. 그러나 그 모든 대화 속에는 자신의 죄를 깨닫게 하여 회개하고 구원을 얻게 하는 이야기는 단 한 마디도 없[었]습니다"(2004, 258).[1] 배드맨과 같은 사람들이 오늘날도 수없이 많다. 두려운 일이다.

소돔과 고모라 사람들은 온갖 악행을 저지르면서도 하나님의 심판의 날에 대해서 전혀 두려워하지 않았다. 다음 날이면 유황불이 하늘에서 내려 그들 모두가 불 심판을 받게 될 운명이었지만 그들에겐 불안 증세가 전혀 없었다. 불안을 감지하지도 못했다. 결국 그들은 하루아침에 재로 변하고 말았다. 번연은 그의 불후의 명작 《천로역정》에서 주인공 크리스천이 어느 날 자신이 장망성(장차 망할 성)에서 살고 있다는 사실을 깨닫고 두려움을 느껴 마침내 그 성을 떠나 천성을 향해 가는 여정을 묘사했다. 이 장면의 배경으로 염두에 둔 것이 소돔과 고모라의 멸망이었다.

롯은 예비 사위들에게 "여호와께서 이 성을 멸하실 터이니 너희는 일어나 이곳에서 떠나라"고 경고했지만 그들은 '농담'으로 여겼다(창 19:14). 그들은 위급함을 알리는 경보음을 듣고도 대수롭지 않게 생각했다. 사위들이 소돔의 다른 주민들과 비슷한 수준의 죄악성을 갖고 있었기 때문에 롯의 경고를 무시했을 가능성이 높다.

●
1 이관직, 《개혁주의 목회상담학》, 개정증보판(대서, 2012), 289 재인용.

안타까운 일이다.

모세는 이스라엘 백성 앞에 복의 길과 저주의 길이 있을 것이라고 예고했다: "내가 오늘 복과 저주를 너희 앞에 두나니"(신 11:26). 복과 저주의 갈림길에 설 때마다 이스라엘 백성은 두려움을 느껴야 했다. 왜냐하면 "너희가 만일 내가 오늘 너희에게 명령하는 도에서 돌이켜 떠나 너희의 하나님 여호와의 명령을 듣지 아니하고 본래 알지 못하던 다른 신들을 따르면 저주를 받으리라"(신 11:28)는 말씀을 들었기 때문이다. 그들의 마음판에 새겨진 율법과 양심이 그들을 두렵게 했다.

당신도 복의 길과 저주의 길, 생명의 길과 사망의 길의 갈림길에서 불안을 느껴야 한다. 저주의 길에 들어설 때 경보음이 울리지 않는다면 파국적인 상황을 맞이할 수 있다. 안타깝게도 이스라엘은 가나안의 삶에서 저주의 길에 반복적으로 들어섰으며 불안이 가져다주는 경보음을 듣지 않았다가 결국에는 패망했다.

여로보암 왕에게 보냄을 받은 유다 출신의 한 선지자가 있었다. 처음에는 그의 불안 경보장치가 제대로 작동했지만 사명을 마치고 돌아가는 길에는 꺼져 있었음을 그의 행동에서 발견할 수 있다.

여로보암 왕이 벧엘에서 금송아지 우상을 만들고 제단에서 분향하려고 할 때, 선지자는 하나님의 말씀으로 예언했다. 그 말씀에 대한 징조로 제단이 갈라지며 재가 쏟아지는 일이 일어났고 선지자를 잡으라고 명한 여로보암의 손이 말라 다시 거둘 수 없는 이적이 일어났다. 여로보암은 선지자에게 기도를 부탁했고 다시 손이 온전해지는 이적을 경험하고 나서 그를 회유했다. 그러나 그는 이미 받은 하나님의 명령에 순종해서 "왕께서 왕의 집 절반을 내게 준다 할지라도 나는 왕과 함께 들어가지도 아니하고 이곳에서는 떡도 먹지 아니하고 물도 마시지 아니하"(왕상 13:8)겠다고 일언지하에 거절했다.

이 광경을 본 벧엘의 한 늙은 선지자의 아들이 이 사실을 아버지에게 이야기하자 늙은 선지자는 유다에서 온 선지자를 뒤따라가서 그에게 자기 집에 가서 떡을 먹자고 회유했다: "나도 그대와 같은 선지자라 천사가 여호와의 말씀으로 내게 이르기를 그를 네 집으로 데리고 돌아가서 그에게 떡을 먹이고 물을 마시게 하라 하였느니라"(왕상 13:18). 그러자 여로보암 왕 앞에서는 그렇게 강경하던 선지자가 안타깝게도 늙은 선지자의 말이 거짓이라는 사실을 분별하지 못했다. 유다에서 온 선지자는 늙은 선지자가 자신과 같은 선지자라는 말과 천사가 하나님의 말씀을 전했다고 하는 거짓말을 듣고 반드시 느껴야 했을 불안을 느끼지 못했다. '과연 저 선지자라는 사람의 말이 하나님이 하신 말씀일까'라고 자문자답하는 과정을 놓치고 만 것이다. '하나님이 그 선지자에게 말씀하신 것을 왜 나에게는 말씀하시지 않았을까' 하고 질문하지 않았다.

외부의 적에 대해서는 경계심을 잃지 않지만 내부의 적에 대해서는 경계심을 갖지 않을 때가 있다. 그는 이 오류에 빠진 것이다. 모순된 메시지 사이에서 불안과 두려움을 제대로 느꼈다면 늙은 선지자의 속임수에 넘어가지 않았을 것이다. 안타깝게도 유다에서 온 그 선지자는 결국 돌아가던 길에 사자에게 물려 죽는 징계를 받았다(왕상 13:24). 그는 필요한 불안을 자각하지 못함으로써 사역의 말로가 아름답지 못했다. 그러나 그는 여전히 하나님의 사람이었다. 그의 예언은 신실하게 이루어졌기 때문이다.

그 선지자는 당신과 나에게 좋은 반면교사다. 불안이라는 경보장치가 제대로 작동되지 않으면 하나님의 말씀에 불순종하는 삶을 살게 된다는 점에서 말이다.

예레미야가 활동할 당시 대다수의 선지자들은 거짓 선지자들이었다. 그들은 나름대로 확신을 가지고 예언했다. 그러나 하나님은 그들에 대하여 예레미야에게 다음과 같이 말씀하셨다: "내 이름으로 거짓을 예언하는 선지자들의 말에 내가 꿈을 꾸었다 꿈을 꾸었다고 말하는 것을 내가 들었노라 거짓을 예언하는 선지자들이 언제까지 이 마음을 품겠느냐 그들은 그 마음의 간교한 것을 예언하느니라… 꿈을 꾼 선지자는 꿈을 말할 것이요 내 말을 받은 자는 성실함으로 내 말을 말할 것이라"(렘 23:25-28). 하나님은 이어서 그들은 "서로 내 말을 도둑질하는 선지자들"(렘 23:30)이며 "거짓 꿈을 예언하여 이르며 거짓과 헛된 자만으로 내 백성을 미혹하게 하는 자"(렘 23:32)라고 말씀하셨다. 그리고 "내가 그들을 보내지 아니하였으며 명령하지 아니하였"(렘 23:32)다고 말씀하셨다.

문제는 거짓 선지자들이 거짓을 예언할 때 죄책감이나 수치심이나 불안을 전혀 느끼지 않았다는 데 있다. 유다 백성도 마찬가지였다. 그들은 거짓 선지자들의 말과 예언에 불안을 느끼지 못했다. 갈등하거나 고민하지 않았으며, 자신들이 행하는 우상 숭배와 성적인 타락에 대해서 수치심이나 죄책감을 느끼지 않았다. 따라서 하나님에게서 오는 심판에 대한 불안이나 두려움을 느끼지 못했다: "그들이 가증한 일을 행할 때에 부끄러워하였느냐 아니라 조금도 부끄러워하지 않을 뿐 아니라 얼굴도 붉어지지 않았느니라 그러므로 그들이 엎드러지는 자와 함께 엎드러질 것이라 내가 그들을 벌하리니 그때에 그들이 거꾸러지리라"(렘 6:15).

거짓 선지자들과 그들의 가르침을 따르는 다수의 백성은 넓은 길을 걸었기 때문에 불안과 두려움을 느끼지 못했다. 좁은 문으로 들어가며 좁은 길을 갈 때 느끼는 불안과 두려움을 느끼지 못했다. 대다수가 그런 삶을 살았고, 그것에 익숙했기 때문에 문제의식조차 없었다.

선지자들이 거짓과 헛된 자만으로 예언할 때 당연히 느꼈어야 할 불안과 두려움을 느꼈다면 예언하면서도 유보적인 입장을 취하거나 조심스러워했을 것이다. 그러나 그들은 "여호와의 엄중한 말씀"(렘 23:33)이라고 말하는 것을 주저하지 않았다. 하나님은 그런 그들을 향하여 "다시는 여호와의 엄중한 말씀이라 말하지 말라 각 사람의 말이 자기에게 중벌이 되리니 이는 너희가 살아 계신 하나님, 만군의 여호와 우리 하나님의 말씀을 망령되이 사용함이니라"(렘

23:36)고 말씀하셨다.

거짓 선지자였던 하나냐는 예레미야의 목에 있던 멍에를 빼앗아 꺾으면서 "내가 이 년 안에 모든 민족의 목에서 바벨론의 왕 느부갓네살의 멍에를 이와 같이 꺾어 버리리라 하셨느니라"(렘 28:11)하고 겁도 없이 거짓 예언을 했다. 이 예언은 하나님이 예레미야에게 하신 말씀과 상충되었다. 예레미야는 그에게 임한 하나님의 말씀을 통해 하나냐가 거짓 예언을 하고 있음을 확신하고 다음과 같이 담대하게 말했다: "하나냐여 들으라 여호와께서 너를 보내지 아니하셨거늘 네가 이 백성에게 거짓을 믿게 하는도다 그러므로 여호와께서 이와 같이 말씀하시되 내가 너를 지면에서 제하리니 네가 여호와께 패역한 말을 하였음이라 네가 금년에 죽으리라 하셨느니라"(렘 28:15-16). 예레미야의 말대로 그는 그 해 일곱째 달에 죽고 말았다(렘 28:17).

참된 선지자들은 거짓 선지자들이 경험하지 못하는 불안을 경험했다. 예레미야 선지자는 다른 선지자들이 "평강, 평강"을 외칠 때 두려움을 느꼈다: "슬프고 아프다 내 마음속이 아프고 내 마음이 답답하여 잠잠할 수 없으니 이는 나의 심령이 나팔 소리와 전쟁의 경보를 들음이로다 패망에 패망이 연속하여 온 땅이 탈취를 당하니 나의 장막과 휘장은 갑자기 파멸되도다 내가 저 깃발을 보며 나팔소리 듣기를 어느 때까지 할꼬"(렘 4:19-21). 예레미야는 마치 정신분열증 환자들이 남들이 듣지 못하는 소리를 듣고 남들이 보지 못하는 것을 보는 환각 때문에 고통당하듯이 닥쳐 올 유다의 파국적인 멸망을 미리 경험하고 있었다. 그러나 대다수의 거짓 선지자들은 예레미야의 불안과 두려움을 이해하지 못했다. 바벨론에게 항복할 것을 외친 예레미야의 행동을 비애국적인 것이라고 오해했다. 그들은 영적인 귀와 눈이 감겨 있었기 때문에 불안과 두려움을 감지할 수 있는 능력이 없었다.

나 자신을 포함해 한국 교회 강단에서 설교하는 목회자들은 설교할 때 얼마나 적절한 수준의 불안을 느끼고 있는지 자문해야 한다. 성경이 기록되던 시대에는 하나님의 말씀이 선지자들에게 직접 임했다. 그러나 성경이 완성된 이후의 시대에는 기록된 말씀을 성령의 조명을 받아 해석하며 성도들의 삶에 적용하는 접근을 한다. 이때 설교자는 준비 과정에서부터 자신의 설교가 과연 하나님이 전하고자 하시는 말씀인지, 아니면 설교자 자신이 전하고 싶은 말씀인지에 대해서 끝없이 자문하고 고민해야 한다. 이 과정에서 적절한 불안을 느껴야 한다. 이와 같은 검증 작업 없이 설교하거나 자신의 말이 곧 하나님의 말씀이라고 쉽게 동일시하면 거짓 설교자로 전락하고 만다. 이단의 교주와 별반 다름이 없게 된다. 따라서 설교자는 건강한 수준에서 두렵고 떨림으로 하나님의 말씀을 준비하고 전해야 한다. 이처럼 불안과 두려움은 이 땅에서 하나님의 말씀에 순종하며 살아가는 데 필요한 경험이다.

설교를 듣는 성도들도 동일한 불안과 두려움이 필요하다. 하나님의 말씀이 선포되는데 단순히 사람의 말로 듣고 무시하는 행동은 교만이다. 말씀을 듣고도 행하지 않을 때 갈등이 전혀 없다면 심각한 문제다.

경보장치가 울릴 때는 무언가 잘못되어 있음을 감지하고 불안해하거나 두려워 도망치거나 대처하기 위해 준비하는 반응을 보여야 정상이다. 하나님은 북이스라엘과 남유다가 하나님 앞에서 우상 숭배를 비롯한 각종 죄악을 반복적으로 범했을 때 선지자들을 보내서 경고의 나팔을 불게 하셨다. 문제는 대부분 그 경고의 나팔 소리를 무시했다는 것이다. 백성은 하나님의 심판의 날을 두려워하지 않았다.

북이스라엘의 지도자들은 "마음이 든든한 자"(who feel secure, 암 6:1)들이었다. 그들은 "흉한 날이 멀다 하여 포악한 자리로 가까워지게 하고 상아 상에 누우며 침상에서 기지개 켜며 양 떼에서 어린 양과 우리에서 송아지를 잡아서 먹고 비파 소리에 맞추어 노래를 지절거리며 다윗처럼 자기를 위하여 악기를 제조하며 대접으로 포도주를 마시며 귀한 기름을 몸에 바르면서 요셉의 환난에 대하여는 근심하지 아니하는 자"들이었다(암 6:3-6). 현대적인 의미로 말하자면 온갖 웰빙 음식을 다 먹으며 육체적인 웰빙을 즐겼지만 곧 다가올 여호와의 날, 심판의 날에 대해서 불안을 느끼며 준비하는 진정한 웰빙에 대해서는 관심조차 없었다는 것이다.

북이스라엘과 남유다 왕국의 왕들과 제사장들과 거짓 선지자들은 대부분 우상 숭배로 나라가 멸망할 수 있음을 알리는 선지자들의 반복된 경고에도 불구하고 임박한 심판의 두려움과 공포를 느끼지 못했다. 마치 나병환자처럼 신체의 일부가 썩어 들어가고 있는데도 통증을 느끼지 못했다. 건강한 의미에서 불안을 감지하고 하나님을 경외해야 회개하고 돌이킬 수 있는데 안타깝게도 그렇게 행동하지 않음으로써 앗수르와 바벨론에게 멸망당하고 말았다.

호세아 선지자는 이스라엘 백성이 이방 족속들과 연결되며 이방 우상들을 숭배하게 된 과정에서 느껴야 할 불안을 감지하지 못했음을 다음과 같이 묘사했다: "에브라임이 여러 민족 가운데에 혼합되니 그는 곧 뒤집지 않은 전병이로다 이방인들이 그의 힘을 삼켰으나 알지 못하고 백발이 무성할지라도 알지 못하는도다"(호 7:8-9). 전병의 한쪽이 탈 지경이 되었는데도 뒤집을 생각을 하지 않는 것처럼 문제가 있음을 자각하는 능력이 없었던 것이다. 마치 삼손이 그의 머리털이 깎여 힘이 사라졌는데도 자각하지 못하던 것과 같다: "삼손이 잠을 깨며 이르기를 내가 전과 같이 나가서 몸을 떨치리라 하였으나 여호와께서 이미 자기를 떠나신 줄을 깨닫지 못하였더라"(삿 16:20). 들릴라가 삼손의 힘이 어디서 생기는지 그 비밀을 알려 달라고 조를 때 삼손은 자신이 위험한 상태에 빠져들고 있음을 자각해야 했다. 그러나 그는 불안을 감지하지 못하고 다만 "마음이 번뇌하여 죽을 지경"일 뿐이었다(삿 16:16). 들릴라를 포기하면 되는데 그러지 못했기 때문에 내면의 갈등에서 오는 불안을 충분히 직면하고 처리하지 못한 것이다.

하나님은 선지자 요엘을 통하여 "시온에서 나팔을 불며 나의 거룩한 산에서 경고의 소리를 질러 이 땅 주민들로 다 떨게 할지니 이는 여호와의 날이 이르게 됨이니라"(욜 2:1)고 말씀하셨다. 하나님은 임박한 심판의 위험성을 알리는 경고 나팔을 자주 사용하셨다. 이 여호와의 날은 "어둡고 캄캄한 날이요 짙은 구름이 덮인 날"(욜 2:2)이다. 그리고 "그들의 예전의 땅은 에덴 동산 같았으나 그들의 나중의 땅은 황폐한 들 같으니 그것을 피한 자가 없"는 날이다(욜 2:3). 요엘은 농작물을 먹어치우는 메뚜기 떼의 재앙을 강한 적군들이 공격하는 모습으로 묘사했다: "그들이 용사같이 달리며 무사같이 성을 기어오르며 각기 자기의 길로 나아가되 그 줄을 이탈하지 아니하며… 성중에 뛰어 들어가며 성 위에 달리며 집에 기어오르며 도둑같이 창으로 들어가니"(욜 2:7-9). 또 백성이 느낄 공포를 "그 앞에서 백성들이 질리고, 무리의 낯빛이 하얘졌도다"(욜 2:6)라고 묘사했다. 여호와의 날은 "그 앞에서 땅이 진동하며 하늘이 떨며 해와 달이 캄캄하며 별들이 빛을 거두도다"(욜 2:10)라고 표현될 정도로 두려운 날이 될 것이다.

요엘 선지자와 동일한 어조로 아모스 선지자는 "성읍에서 나팔이 울리는데 백성이 어찌 두려워하지 아니하겠으며 여호와의 행하심이 없는데 재앙이 어찌 성읍에 임하겠느냐"(암 3:6)라고 반문했다. 아모스는 자연재해가 하나님의 심판임을 깨닫고 이스라엘 백성이 하나님께 회개하고 돌아오기를 바랐지만 돌아오지 않았다고

고발했다: "내가 곡식을 마르게 하는 재앙과 깜부기 재앙으로 너희를 쳤으며 팥중이로 너희의 많은 동산과 포도원과 무화과나무와 감람나무를 다 먹게 하였으나 너희가 내게로 돌아오지 아니하였느니라"(암 4:9). 뿐만 아니라 하나님은 전염병과 전쟁으로도 심판하셨지만 그들은 깨닫지 못했다: "내가 너희 중에 전염병 보내기를 애굽에서 한 것처럼 하였으며 칼로 너희 청년들을 죽였으며 너희 말들을 노략하게 하며 너희 진영의 악취로 코를 찌르게 하였으나 너희가 내게로 돌아오지 아니하였느니라 여호와의 말씀이니라"(암 4:10). 불안과 두려움을 가중시켰지만 별 효과가 없었던 것이다.

이스라엘 백성이 경험했던 재앙은 반드시 이유가 있었다. 그리고 하나님은 그 재앙의 주체셨다. 과학주의와 자연주의 세계관이 팽배한 오늘날에는 재앙이 더 이상 하나님의 의사소통이 아닌 것처럼 간주한다. 우리는 모든 자연재해를 다 자연적인 이유로 설명하는 시대에 살고 있다. 그러나 성경은 재앙이 임할 때 하나님의 개입이 있음을 말씀한다. 그리스도인들은 양극단적인 견해를 버리고 재앙이 올 때 하나님의 뜻이 있는지를 살펴야 한다. 그것이 지혜로운 태도다. 적절한 불안과 두려움을 느껴야 하나님을 두려워하며 신앙생활을 할 수 있다.

세례 요한은 많은 바리새인들과 사두개인들이 자신에게 오는 것을 보고 "독사의 자식들아 누가 너희를 가르쳐 임박한 진노를 피하라 하더냐"(마 3:7)라고 독설을 하면서 "회개에 합당한 열매를 맺"

으라고 권했다(마 3:8). 그리고 "이미 도끼가 나무뿌리에 놓였으니 좋은 열매를 맺지 아니하는 나무마다 찍혀 불에 던져지리라"(마 3:10) 하고 무서운 심판이 임박했음을 경고했다. 나무는 도끼가 나무뿌리에 놓여 있을 때 열매를 맺지 못하면 곧 베일 수 있다는 두려움과 위기감을 느껴야 한다. 만약 느끼지 못한다면 치명적이다.

셋째, 불안과 두려움은 마음속에 해결되지 않은 갈등이 있음을 알려 주는 신호이자 증상이다. 증상이 없으면 자각하기 어렵다. 증상은 어딘가 문제가 있음을 깨닫고 해결하려는 시도를 하게 한다. 불안이나 두려움이 느껴져야 주의를 기울이게 된다. 불안과 두려움이 무엇을 말하려고 하는지에 귀를 기울이게 된다.

고전적인 정신분석은 불안의 원인을 초자아의 도덕 및 양심의 가치 추구와 원본능의 욕구충족을 적절하게 만족시킬 수 있는 자아의 힘이 약한 데 있다고 보았다. 대표적인 경우를 바울 사도의 고백에서 살펴볼 수 있다: "오호라 나는 곤고한 사람이로다 이 사망의 몸에서 누가 나를 건져내랴"(롬 7:24). 그는 자신의 마음속에 있는 갈등을 잘 인식했다: "내가 행하는 것을 내가 알지 못하노니 곧 내가 원하는 것은 행하지 아니하고 도리어 미워하는 것을 행함이라"(롬 7:15). 그는 이 갈등으로 인한 불안을 창의적으로 해결하는 방안을 찾았다: "이제 그리스도 예수 안에 있는 자에게는 결코 정죄함이 없나니 이는 그리스도 예수 안에 있는 생명의 성령의 법이 죄와 사망의 법에서 너를 해방하였음이라"(롬 8:1-2).

넷째, 불안과 두려움은 실제적인 위협에 대한 정상적인 반응이다. 이세벨은 북이스라엘의 아합 왕이 바알 종교를 수입하는 데지대한 역할을 한 이방 출신의 왕후였다. 그녀는 엘리야가 바알 선지자들을 칼로 죽였다는 소식을 남편에게서 전해 듣고 분격했다. 그래서 사신을 통하여 엘리야를 하루 내에 반드시 죽이겠다는 위협을 전했다: "내가 내일 이맘때에는 반드시 네 생명을 저 사람들 중 한 사람의 생명과 같게 하리라 그렇게 하지 아니하면 신들이 내게 벌위에 벌을 내림이 마땅하니라"(왕상 19:2). 놀랍게도 아합 왕과 450명의 바알 선지자들 앞에서도 용맹했던 엘리야가 이세벨의 위협 앞에서 두려워 떨었다. 하나님과 연결 짓지 않는다면 그가 느낀 공포감은 현실적이며 정상적이다. 그래서 그는 유다 왕국에 속한 곳으로 도피했다(왕상 19:3). 그도 우리와 성정이 같은 사람이었다(약 5:17 참조). 그의 반응을 이해하자면, 그가 이미 겪은 신체적인 스트레스와 탈진이 그의 두려움과 공포감에 기여했을 것이라고 추론할 수 있다.

엘리야는 유다에 속한 광야에 들어가 한 로뎀나무 아래에 앉아서 "죽기를 원하여 이르되 여호와여 넉넉하오니 지금 내 생명을 거두시옵소서"(왕상 19:4)라고 모순적인 기도를 했다. 죽음을 피해 도망한 그가 죽기를 원한다는 것이다.

엘리야의 반응에서도 볼 수 있듯이, 불안이나 두려움에 휩싸이면 모순된 행동을 하면서도 그것이 모순되었다는 인식조차 하지못할 때가 많다. 여성 정신분석학자 카렌 호나이(Karen Horney)는 신경증적인 불안으로 씨름하는 사람은 '구획화'(compartmentalization)를 통하여 한 구역에서 일어난 일과 다른 구역에서 일어난 일이 서로 모순적인데도 인식하지 못할 수 있다고 주장한 바 있다.[2] 엘리야의 경우 갈멜 산 전투에서 드러난 그의 신앙의 철두철미함과 용맹성은 곧이은 이세벨과의 싸움에서 드러난 나약함과 비겁함과 모순적이다. 그가 신경증적인 불안을 갖고 있었다고 말하기는 어렵다. 하지만 엘리야는 용맹한 모습과 대조적으로 두려워하는 모습을 갖고 있었다. 아합의 아들 아하시야 왕이 오십 부장과 군사 오십 명을 엘리야에게 보냈을 때 그는 하늘에서 불을 내려 그들을 태워 죽여 달라는 기도를 했고 그 기도는 두 번이나 응답되었다(왕하 1:1-16 참조). 엘리야의 반응을 미루어 볼 때 그는 왕이 보낸 군사들에게서 위협감을 강하게 느꼈음을 알 수 있다.

다섯째, 불안은 지켜야 할 적절한 경계선(boundary)을 인식하고 지키는 데 도움을 준다. 관계를 맺을 때 자신의 경계선을 인식하고 지키는 것이 반드시 필요하다. 아울러 상대방의 경계선을 인식하고 존중하는 것도 필요하다. 경계선이 흐려질 때 또는 경직될 때 불안을 느껴야 한다. 자신의 경계선이 침범당할 때 불안이라는 경보장치가 울려야 한다.

유다의 히스기야 왕은 이 불안을 제대로 느끼지 못했다. 그래서 자신뿐 아니라 나라의 멸망을 앞당기는 어리석은 행동을 하고

2　카렌 호나이, 《카렌 호나이의 정신분석》, 이희경 외 공역(학지사, 2006), 144-47 참조.

말았다. 히스기야가 죽을병에 걸렸다가 나았다는 소식을 들은 바벨론 왕 브로닥발라단은 편지와 예물을 사신들 편에 보냈다. 이때 히스기야는 큰 제국 바벨론의 사신들이 자신을 위해 먼 길을 방문하고 예물을 가져온 것에 대해 우쭐해져서 순간 방심했다. 들뜬 마음에 전혀 경계하지 않음으로써 유다의 핵심적인 부분들을 다 보여 준 것이다.

이상화할 만큼 바벨론 사신들의 방문을 선의로 보았다는 면에서 히스기야 왕은 경계선 성격장애(borderline personality disorder)적인 요소를 갖고 있었다고 볼 수 있다: "자기 보물고의 금은과 향품과 보배로운 기름과 그의 군기고와 창고의 모든 것을 다 사자들에게 보였는데 왕궁과 그의 나라 안에 있는 모든 것 중에서 히스기야가 그에게 보이지 아니한 것이 없더라"(왕하 20:13). 그는 심리적으로 미성숙했다. 안타까운 점은 왕이 이런 행동을 할 때 이에 대해서 불안을 느끼고 직언해 줄 신하들이 주변에 없었다는 것이다. 이사야가 "그들이 왕궁에서 무엇을 보았나이까" 하고 왕에게 물었을 때 히스기야가 "내 궁에 있는 것을 그들이 다 보았나니 나의 창고에서 하나도 보이지 아니한 것이 없나이다"(왕하 20:15)라고 대답한 것을 보면 이사야가 문제를 제기할 때까지 히스기야에게 불안 경보장치가 작동되지 못했음을 알 수 있다.

죽을병에 걸렸던 히스기야는 하나님의 은혜로 15년의 삶을 더 연장 받자 마음이 해이해졌다. 그래서 바벨론의 조문을 100퍼센트 긍정적으로만 해석함으로써 유다의 모든 비밀을 노출시키고 말았다. 적절한 불안을 느껴야 했는데 그렇지 못했다. 이사야는 히스기야에게 하나님의 말씀을 전했다: "날이 이르리니 왕궁의 모든 것과 왕의 조상들이 오늘까지 쌓아 두었던 것이 바벨론으로 옮긴 바 되고 하나도 남지 아니할 것이요"(왕하 20:17). 이 사건이 유다의 멸망을 앞당기는 단초를 제공했다. 만약 히스기야가 적절한 수준의 불안을 느꼈더라면 유다의 전략 기지와 보물들을 그렇게 노출하지는 않았을 것이다.

"선 줄로 생각하는 자는 넘어질까 조심하라"(고전 10:12)라는 바울 사도의 말은 당신과 나를 위한 권면이다. 자신만만하고 잘나가고 또는 사람들이 주목하고 칭찬할 때 불안과 두려움을 느끼지 못하면 파국과 멸망에 이를 수 있음을 히스기야의 이야기를 통해 배울 수 있다. 교회가 부흥할 때 사탄의 시험과 유혹도 더 강해진다는 사실을 명심해야 한다. 인생이 만족스럽고 일이 잘 진척되는 때일수록 적절한 불안을 느껴야 한다. 인간은 근본적으로 교만하기 쉽기 때문이다. 교만하면 방심한다.

여섯째, 불안과 두려움은 하나님을 섬기는 삶에 유익하다. 하나님은 '크고 두려우신' 분이다. 인간과 구별되는 '거룩하신' 분이다. 따라서 거룩하신 하나님을 향해 느끼는 적절한 불안과 두려움은 신앙생활에서 거룩성과 경건성을 유지시키는 좋은 자극제다.

말라기 선지자가 고발한 제사장들은 하나님을 섬기는 자들이었음에도 불구하고 하나님을 경외하는 마음과 두려움이 없었다. 하나님은 이스라엘의 제사장들을 하나님의 "이름을 멸시하는 제사장들"이라고 하셨다(말 1:6). 하나님의 이름을 망령되이 일컫는 것이나 멸시하는 것은 동일한 죄악이다. 제사장들이 하나님을 두려워하지 않았다! 그런데 그 제사장들은 정작 "우리가 어떻게 주의 이름을 멸시하였나이까" 하고 반문했다(말 1:6). 심지어 더러운 떡을 하나님의 제단에 드리면서도 "우리가 어떻게 주를 더럽게 하였나이까"(말 1:7)라고 대답하면서 그들이 자신의 문제점을 자각하지 못하였음을 드러냈다. 그들은 눈먼 것, 저는 것, 병든 것을 하나님께 제물로 드리면서도 문제의식을 갖지 못했다(말 1:8). 하나님은 그런 그들에게 "이제 그것을 너희 총독에게 드려 보라 그가 너를 기뻐하겠으며 너를 받아 주겠느냐"(말 1:8)고 반문하셨다. 제사장들은 "이 일이 얼마나 번거로운고 하며 코웃음치고 훔친 물건과 저는 것, 병든 것"을 하나님께 제물로 바쳤다(말 1:13). 즉 제사장들은 제사드릴 때 기본적으로 가져야 할 최소한의 불안조차 느끼지 못했던 것이다. 그들은 하나님의 저주와 심판을 자초하는 행동을 하면서도 두려움을 몰랐다.

하나님을 사랑의 하나님이라고만 생각하며 하나님의 공의로우심과 거룩하심과 심판하심을 의식하지 않고 사는 사람은 구원받은 사람이 아니다. 예수 그리스도의 십자가 구원 사역은 하나님의 사랑과 하나님의 공의로우심이 전혀 치우치지 않았음을 잘 드러낸 복음의 메시지다. 하나님의 친밀감만 강조한 나머지 하나님을 경외하지 않는 것은 균형을 잃은 신앙생활을 하는 것과 마찬가지다.

그리스도인은 얽매이는 공포감과 의무감으로 신앙생활 하는 자들이 아니다. 구원과 은총에 대한 감사와 감격으로 하나님을 사랑하며 섬기는 자들이다. 섬기되 하나님을 경외하는 것이다.

모세는 40년 광야 생활의 의미를 다음과 같이 요약하였다: "너를 낮추시며 너를 시험하사 네 마음이 어떠한지 그 명령을 지키는지 지키지 않는지 알려 하심이라 너를 낮추시며 너를 주리게 하시며 또 너도 알지 못하며 네 조상들도 알지 못하던 만나를 네게 먹이신 것은 사람이 떡으로만 사는 것이 아니요 여호와의 입에서 나오는 모든 말씀으로 사는 줄을 네가 알게 하려 하심이니라"(신 8:2-3). 낮아지는 경험, 주리는 경험, 목마른 경험은 인간을 불안하게 하며 두렵게 한다. 실존적인 위협이기 때문이다. 그러나 이런 경험들은 신앙적으로도 의미가 있다. 하나님의 말씀이 진정한 떡이며 진정한 생수가 된다는 사실을 고백하게 하는 고난 경험이 되기 때문이다. 그러므로 우리가 불안을 느낄 때 하나님을 인격적으로 만날 수 있는 가능성이 높아진다.

모세는 이 광야의 삶을 다시 구체적으로 표현하였다: "너를 인도하여 그 광대하고 위험한 광야 곧 불뱀과 전갈이 있고 물이 없는 간조한 땅을 지나게 하셨으며… 이는 다 너를 낮추시며 너를 시험하사 '마침내 네게 복을 주려 하심'이었느니라"(신 8:15-16). 하나님이 우리에게 고난의 광야를 겪게 하시는 이유가 궁극적으로 복을 주시려는 데 있다는 사실을 깨달을 때 우리는 불안과 두려움을 떨쳐버릴 수 있다.

일곱째, 불안은 각성하게 하며 분별력을 갖게 하여 속지 않도록 도와준다. 뭔가 찜찜하고 이상하면 경보음이 울리는 역할을 해서 재고할 수 있는 기회를 얻게 해 준다. 거짓 선지자들이나 이단들을 만났을 때, 불안감이나 혐오감을 느낀다면 어리석게 그들을 따라가지 않을 것이다.

예수님은 "거짓 선지자들을 삼가라"고 경계하셨다(마 7:15). 순진한 양들은 구별하는 능력이 발달하지 못해 삯꾼을 목자인 줄 알고 따라간다. 분별력이 없으며 느껴야 할 불안을 느끼지 못하기 때문이다. 예수님은 거짓 선지자들을 "양의 옷을 입고 너희에게 나아오나 속에는 노략질하는 이리라"(마 7:15)고 말씀하셨다. 누가 거짓 선지자인가를 알 수 있는 근거는 '그들의 열매'다. "가시나무에서 포도를, 또는 엉겅퀴에서 무화과"를 딸 수 없다고 예수님은 밝히 말씀하셨다(마 7:16). 거짓 선지자는 "아름다운 열매를 맺지 아니하는 나무"라서 "찍혀 불에 던져지"(마 7:19)게 될 것이다. 분별력 없이 거짓 선지자들을 따라가면 함께 찍혀 불에 던져질 것이다.

예수님은 "그날에 많은 사람이 나더러 이르되 주여 주여 우리가 주의 이름으로 선지자 노릇 하며 주의 이름으로 귀신을 쫓아내며 주의 이름으로 많은 권능을 행하지 아니하였나이까 하리니 그때에 내가 그들에게 밝히 말하되 내가 너희를 도무지 알지 못하니 불법을 행하는 자들아 내게서 떠나가라"(마 7:22-23)고 말씀하셨다. '선지자 노릇'으로 번역된 말씀은 이들이 주의 이름으로 말씀을 전하고 예언했다는 것을 의미한다. 이들은 겉으로는 예수님의 이름으로 설교하며, 귀신을 쫓아내며, 많은 권능을 행하는 열매가 있었다. 그러니 귀신이 쫓겨 나가며 많은 능력이 나타나는 현상적인 열매만 보아서는 참 선지자와 거짓 선지자를 구별하기 어렵다. 사탄도 성경에 능통하여 잘 인용하며 가시적인 능력을 행사할 수 있기 때문이다. 심지어 예수님의 이름으로 행할 수도 있다. 왜냐하면 사탄은 '거짓의 아비'이므로 속임에 능숙하기 때문이다. 거짓 선지자도 비슷하다. 양의 가죽을 입고 자신이 이리임을 숨기고 위장한다. 그러나 자신이 이리라는 사실을 모를 수도 있다.

에스겔 선지자는 거짓 선지자들의 열매를 다음과 같이 고발했다: "살진 양을 잡아 그 기름을 먹으며 그 털을 입되 양 떼는 먹이지 아니하는도다 너희가 그 연약한 자를 강하게 아니하며 병든 자를 고치지 아니하며 상한 자를 싸매 주지 아니하며 쫓기는 자를 돌아오게 하지 아니하며 잃어버린 자를 찾지 아니하고 다만 포악으로 그것들을 다스렸도다"(겔 34:3-4). 사이코패스적인 거짓 선지자들은 이러한 자신의 삶에 대해서 갈등을 거의 느끼지 않는다. 따라서 불안을 거의 느끼지 않을 가능성이 높다. 신경증적인 거짓 선지자들은 그나마 왠지 모를 불안을 느낄 수 있다. 그리고 자신의 정체가 거짓 목자인가라는 물음을 종종 던질 것이다. 그러나 결국은 방어 기제로 그 불안을 억압함으로써 자신을 구원할 수 있는 기회마저 잃어버리고 지옥에 가게 될 것이다.

겉모습만 보면 속을 수 있다. 사기를 여러 번 당하는 사람들은 감지해야 할 불안을 잘 느끼지 못하는 사람일 가능성이 높다. 머리를 잘 굴리는 사기꾼의 문제이기도 하지만 사기를 당하는 사람의 미성숙과 욕심도 한몫을 한다.

3 불안과 두려움의 역기능

불안과 두려움은 건강하고 성숙하지 못한 방식으로 기능할 수 있다. 모든 불안장애는 불안이 건강하게 기능하지 못함으로써 생긴 것이다.

첫째, 불안은 안전과 안정을 추구한 나머지 모험하지 못하게 한다. 두려움은 생기 있는 삶을 살지 못하게 한다. 대표적인 성경의 예는 달란트 비유에서 찾아볼 수 있다. 다섯 달란트와 두 달란트를 받은 종들은 실패에 대한 불안과 두려움을 극복한 성숙한 자들이었다고 해석할 수 있다. 반면, 한 달란트 받은 종은 불안과 두려움에 휩싸여 모험하지 못한 미성숙한 자였다. 그는 결국 주인에게서 '악하고 게으른 종'이라는 평가와 심판을 받았다.

한 달란트를 받은 종은 "가서 땅을 파고 그 주인의 돈을 감추어 두었"(마 25:18)다. 그는 안전 욕구가 큰 사람이었다. 이런 사람은 현상 유지에 만족한다. 그러나 현상 유지에 만족하면 능동적이며 진취적인 행동을 시도하지 못한다. 타국에서 돌아온 주인이 회계할 때에 그 종은 한 달란트를 그대로 가지고 가서 이렇게 말했다: "주인이여 당신은 굳은 사람이라 심지 않은 데서 거두고 헤치지 않은 데서 모으는 줄을 내가 알았으므로"(마 25:24). 이 표현에서 그는 오랫동안 관계해 온 주인에 대해 왜곡된 시각을 갖고 있었음을 알 수 있다. 그는 늘 대해 온 주인의 인품과 마음조차 제대로 알지 못했다. 주인의 진심을 이해하지 못한 것이다. 자신의 관점으로 왜곡 인식하는 성격장애적 요소를 갖고 있었다. 그는 편집성 성격장애(paranoid personality disorder)적인 증상을 갖고 있었다. 의심이 많은 자였다. 그는 계속해서 "두려워하여(So I was afraid) 나가서 당신의 달란트를 땅에 감추어 두었었나이다"(마 25:25) 하고 말했다. 그는 맡겨진 달란트에 대한 주인의 식이 없었다. 따라서 실패에 대한 두려움과 손해를 볼 수도 있다는 위험성 때문에 창의적인 노력을 전혀 하지 않았던 것이다.

주인은 그를 "악하고 게으른 종"(마 25:26)이라고 평가했다. 두려움을 잘 극복하지 못하는 미성숙한 사람이나 주인을 신뢰하지 못하는 사람은 악하고 게으르며 무익한 종이 될 위험성이 높다. 소명의식, 사명의식, 목적의식 없이 시간만 보내는 삶을 살게 된다. 겉으로는 살아 있지만 실상은 죽은 자와 같다.

주인은 그 종을 심판했다: "이 무익한 종을 바깥 어두운 데로 내쫓으라 거기서 슬피 울며 이를 갈리라"(마 25:30). 주인에 대한 신뢰감, 자신에 대한 신뢰감, 그리고 환경에 대한 신뢰감이 없었던 그는 결국 심판을 받았다. 그가 환경을 믿지 못했다는 점은 그가 취리하는 자들에게도 달란트를 맡기지 않은 행동에서 발견할 수 있다. 이자를 받으려다가 원금을 떼일까 봐 그런 시도조차 하지 못했거나, 아니면 아예 그런 고민조차 하지 않았을 것이다.

악한 종의 비유를 구원에 대한 불안 심리와 연결해 볼 수 있다. 구원에 대한 확신이 부족한 성도들이 적지 않다. 그러나 자신이 구원을 받았는가에 대해서 죽을 때까지 계속 불안해하면서 사는 것은 하나님의 뜻이 아니다. 만약 당신이 구원 여부에 집착한다면 다른 영역에 사용할 수 있는 삶의 에너지를 어리석게 소모하다가 끝을 맞는 인생이 될 것이다. 사탄은 당신이 구원에 대하여 강박적으로 불안을 느껴 삶의 의욕을 상실하고 우울한 삶을 사는 것을 기뻐한다. 해야 할 일을 하지 못한 채 시간을 보내는 것을 기뻐한다. 만약 당신이 믿음의 모험을 하지 못한 채 개인적인 구원을 얻는 것으로 삶을 끝낸다면 사탄의 전략에 속은 것이다. 구원은 당신의 노력이나 성품이나 영성의 수준에 달려 있는 것이 아니다. 전적인 하나님의 은혜이며 예수 그리스도의 십자가 대속에 의해서 값없이 주어지는 것이다.

둘째, 불안과 두려움은 변화와 성장을 막을 수 있다. 씨 뿌리는 비유에서 역기능적인 불안의 역할을 찾아볼 수 있다(마 13:3-23 참조). 길가에 떨어진 씨는 새들이 와서 먹어 버렸다. 이것은 불안이 아주 심해서 말씀을 들어도 전혀 학습이 일어나지 않는 경우로 해석될 수 있다. 과도한 불안 때문에 신경전달물질이 뇌에서 거의 작용하지 않거나 전달되지 않아서 기억조차 나지 않는 경우다. 이런 경우에 변화나 결실이 불가능하다.

흙이 얕은 돌밭에 뿌려진 씨는 "흙이 깊지 아니하므로 곧 싹이 나오나 해가 돋은 후에 타서 뿌리가 없으므로 말랐"(마 13:5-6)다. 이 경우는 뿌리가 거의 없는 것이 특징이다. 심리적으로 표현하면 뿌리에 해당하는 자기구조물이 매우 약하며 참 자기(True Self) 발달이 거의 되지 않은 사람과 연결된다. 이런 사람은 에너지가 별로 없고 능력도 없다. 그래서 이들은 "즉시 기쁨으로 받되 그 속에 뿌리가 없어 잠시 견디다가 말씀으로 말미암아 환난이나 박해가 일어날 때에는 곧 넘어지는 자"(마 13:20-21)다. 모래 위에 집을 세운 어리석은 사람처럼 평소에는 큰 문제가 없어 보이지만 바람이 불고 비가 오면 쉽게 무너진다. 이런 사람들은 위기와 고통을 견뎌 내는 내구성이 약하다. 회복탄력성도 약하다. 불안에 취약해서 수그러들며 순응하는 삶을 산다. 결국 복음의 능력이 나타나는 삶을 살 수 없다. 취약한 심리구조로 두려움을 견디지 못하며 정신적인 질환까지 갖게 될 수 있다.

가시떨기에 떨어진 씨와 같은 사람은 "말씀을 들으나 세상의 염려와 재물의 유혹에 말씀이 막혀 결실하지 못"(마 13:22)한다. 세상에서 경험하는 일로 생긴 염려, 즉 불안과 걱정, 근심이 이런 사람의 소명의식과 사명의식을 질식시킨다(suffocate). 하나님의 말씀을 듣지만 세상에 질식되어 열매를 맺지 못한다. 이런 사람들은 불안을 회피하기 위해 재물에 의존하려는 마음이 있다. 돈을 우상으로 숭배하기 때문에 겉으로만 하나님을 믿는다. 결국 성령의 열매를 맺지 못한다.

범불안장애를 갖고 있는 사람도 가시떨기 밭과 같다. 삶의 모든 영역에서 근심, 걱정, 염려, 불안이 너무 많아서 무기력하며 우울한 사람이다. 이런 사람은 '심리적 산소'가 부족해서 숨을 쉴 수가 없다. '숨'은 헬라어로 '프뉴마'라고 하며, '영혼'이라는 의미로도 사용된다. 심리적 산소가 결핍된 환경에서 살면 숨 쉬기가 힘들다. 숨 쉬기가 힘들면 공황 상태에 빠질 수 있다. 그래서 과호흡을 하게 되는데 과호흡을 하면 증상이 더 심해진다. 공황을 극복하려면 숨을 의식적으로 천천히, 깊게 쉬어야 한다.

마지막으로, 좋은 땅에 뿌려지는 씨와 같은 사람은 "말씀을 듣고 깨닫는"(마 13:23)다. 이 사람은 뇌가 원활하게 작동된다. 말씀을 듣고 깨닫는 인지 기능이 잘 작동할 뿐 아니라 의지력이 있어서 삶의 현장에 접목하며 실천하는 능력이 있다. 또한 기쁨과 감사로 반응하는 감정의 인식과 표현이 잘된다. 그리고 하나님과 이웃과의 관계에서 사랑을 실천할 수 있는 힘이 있다.

셋째, 불안과 두려움은 사탄의 좋은 무기로 사용될 수 있다.

불안에 취약한 사람은 사탄이 틈을 탈 수 있는 여지를 갖고 있다. 이것은 억압된 분노가 사탄에게 '발판'을 제공할 수 있는 것과 마찬가지다(엡 4:26-27 참조).

사탄은 과장되고 왜곡된 정보를 제공하여 성도들의 삶을 과도한 불안에 휩싸이게 한다. 심한 두려움에 압도되면 옴짝달싹하지 못한다. 사탄은 이 사실을 잘 알고 있다. 뇌의 기능이 소위 '얼어 버리면' 사탄의 밥이 되기에 딱 좋다.

예를 들어, 성폭행과 같은 트라우마를 겪은 사람은 사탄이 거짓 정보를 주어서 수치심을 과도하게 느끼며 자신을 불결하게 인식하게 할 수 있다. 그리고 하나님과의 관계나 이성 관계에서 반복적으로 공격당한다. 그러나 사탄의 전략에 넘어져서는 안 된다.

《천로역정》의 주인공 크리스천은 천성을 향해 가는 도중에 사자가 길 양쪽에서 으르렁거리는 것을 보고 두려움을 느낀 나머지 더 이상 그 길을 가지 못한다. 그때 길 저편에서 한 사람이 나타나 "두려워하지 말고 앞만 보고 그 길로 오라"고 말한다. 두 사자들의 발에 쇠고랑이 있어서 길까지 접근하지 못하니까 으르렁거리는 소리를 듣고 무서워하지 말라고 격려한다. 번연이 잘 묘사했듯이 사탄은 위협(威脅)은 가하지만 실제로 사람에게 위해(危害)를 가할 수는 없다. 하나님의 허락 없이는 참새 한 마리도 땅에 떨어뜨리지 못하는데, 하물며 하나님의 백성의 생명을 사탄이 좌지우지할 수 있겠는가?

나는 이 장에서 불안과 두려움에는 순기능과 역기능의 양면이 있다는 사실과 그 특징을 설명했다. 사람들은 일반적으로 불안과 두려움을 부정적으로만 인식하기 때문에 긍정적인 기능을 부각시키는데 더 역점을 두었다. 당신이 불안의 순기능을 잘 사용하고 역기능은 잘 대처하고 극복함으로써 이 땅에서 담대하게 믿음으로 살아가는 것이 하나님의 뜻이다. 그래서 하나님은 오늘도 당신에게 "두려워하지 말라"고 거듭 말씀하신다.

　믿는 자에게는 불안장애와 같은 역기능조차 하나님의 섭리 속에서 합력하여 선을 이루는 순기능성이 있다. 하나님은 당신이 약할 때도 강한 자로 세우시며 하나님의 은혜가 더 선명하게 드러나게 하신다.

chapter 2

왜 나는 하나님과
틀어졌을까

불안과 두려움의 이유 1

원인을 안다고 불안과 두려움에서 자유해지는 것은 아니다. 그러나 원인을 아는 것은 불안과 두려움을 이해하고 대처하며 극복하는 데 유익하다.

성경은 불안과 두려움이 에덴동산에서 시작되었다고 계시한다. 하나님은 아담과 하와에게 불안과 두려움을 야기하는 명령을 주셨다. "동산 각종 나무의 열매는 네가 임의로 먹되 선악을 알게 하는 나무의 열매는 먹지 말라 네가 먹는 날에는 반드시 죽으리라"(창 2:16-17)고 경고하신 것이다. 먹는 날에는 반드시 '죽으리라'는 분명하고도 엄격한 금기 및 경고는 분명히 아담과 하와에게 두려움과 불안을 느끼게 했을 것이다. 이 사실은 불안이나 두려움 자체가 죄가 아님을 알려 준다. 원래 불안과 두려움은 하나님의 명령을 순종하는 데 도움을 주는 장치로 주어진 것이기 때문이다. 오히려 불안과 두려움은 아담과 하와가 죄를 짓지 않게 하는 경보장치 기능을 했다.

그러나 안타깝게도 하와는 두려움과 불안을 느꼈음에도 불구하고 뱀의 유혹과 속임수에 금지된 경계선을 넘고 말았다.

죄가 들어온 뒤에 불안과 두려움은 순기능으로 작용하기보다 주로 역기능적으로 작용하는 부정적인 경험이 되었다. 부정적인 의미로 불안과 두려움을 유발하는 요인들이나 이유들을 규명하는 것은 불안과 두려움을 대처하고 극복하는 데 도움이 된다.

1 죄(불순종)

하와가 선악과를 먹고 싶다는 생각을 했을 때는 불안을 느끼는 센서(sensor)가 제대로 작동되지 않았을 것이다. 아니면 센서가 작동되었을 때 불안의 수준보다 호기심과 쾌감의 수준이 더 커서 불안을 제대로 느끼지 못했을 것이다. 혹은 초자아의 역할을 하는 비판자(censor)의 기능이 제대로 작동하지 못했다고 이해할 수도 있다.

두려움이나 혐오감이 쾌감보다 크면 죄를 짓지 않는다. 그러나 하와는 그렇지 못했다. 더구나 하와가 아담도 열매를 먹게 한 것을 보았을 때 그 열매를 먹고 나서 죽을 것 같은 공포가 밀려오지도 않았고 열매의 맛이 쓰지도 않았다는 사실을 알 수 있다. 만약 열매를 먹은 후에 공포감을 느꼈다면 남편에게 권하지도 않았을 것이다. 죄는 반드시 일시적인 쾌감의 증가와 고통의 경감을 약속한다.

결국 아담과 하와는 함께 죄를 범하고 말았다.

아담과 하와는 곧 불안과 두려움에 휩싸이게 되었다. 순기능적인 불안과 두려움을 느끼지 못했던 그들은 죄로 오염된 불안과 두려움을 경험하게 되었다. "그들의 눈이 밝아져 자기들이 벗은 줄"(창 3:7)을 알게 되었고 수치심으로 인한 불안과 긴장감을 느꼈다.

'아는 것'은 양면성을 띤다. "진리를 알지니 진리가 너희를 자유롭게 하리라"(요 8:32)는 말씀의 '앎' 또는 '지식'은 인간을 자유롭게 한다. 진리 되신 예수님은 당신을 죄와 심판으로부터 자유하게 하신다. 예수님을 믿고 알면 자유하다.

더 나아가 일반적인 의미의 '앎'과 '지식'은 두려움과 공포를 물리치는 데 유익하다. 과거에는 개기일식을 신의 노함으로 생각하거나 흉조로 해석해서 매우 두려워했다. 그러나 과학의 발달로 일식이 '지구가 달과 해와의 관계에서 자전과 공전을 하면서 예견하는 시간과 위치에서 일어나는 현상'이라는 것을 알게 되었다. 따라서 일식이 일어나도 사람들은 두려워하지 않는다. 두려워하는 대신 그 현상을 관찰하며 즐긴다.

반대로 모를 때에는 자유했는데 알고 나면 불편하고 힘든 경우도 있다. 자신이 죄인이라는 사실을 깨닫지 못했을 때에는 세상적으로 자유롭게 살았는데 예수님을 믿은 후에는 자유롭지 못하게 된다. 신앙이 깊어질수록 더 큰 고민과 갈등이 생긴다. 그러나 이는 필요한 고민과 갈등이다. 필요한 불편함이다.

자신에게 성격적인 장애가 있다는 것을 자각해서 불편해지기도 한다. 쉽게 고쳐지지 않는 성격장애가 내면화되어 있다는 것을 자각하는 것은 유쾌한 일이 아니다. 몰랐다면 다른 사람들 탓을 하면서 살 수 있는데, 인식한 후에는 그럴 수가 없다.

불순종이 불안과 두려움의 원인이 될 수 있다. 하나님은 이스라엘 백성이 하나님의 말씀에 불순종할 경우에 불안과 두려움의 삶을 살 것이라고 말씀하셨다: "여러 민족 중에서 네가 평안함을 얻지 못하며 네 발바닥이 쉴 곳도 얻지 못하고 여호와께서 거기에서 네 마음을 떨게 하고 눈을 쇠하게 하고 정신을 산란하게 하시리니"(신 28:65). NIV 성경에서는 "네 마음을 떨게 하고"를 "will give you an anxious mind"로 번역함으로써 마음의 불안이 하나님의 징계로 온 것일 수 있음을 말해 준다. 하나님은 다음 절에서도 계속 경고의 말씀을 하셨다: "네 생명이 위험에 처하고 주야로 두려워하며 네 생명을 확신할 수 없을 것이라"(신 28:66).

밤낮으로 두려움(dread)에 사로잡힌 사람은 쉼을 얻을 수 없다. 에너지가 소진된다. 생명력 있는 삶을 살 수 없게 된다. 이런 사람은 살아도 살아 있는 삶이라고 말할 수 없다. 하나님은 두려움에 떨게 될 백성의 모습을 잘 표현하셨다: "네 마음의 두려움과 눈이 보는 것으로 말미암아 아침에는 이르기를 아하 저녁이 되었으면 좋겠다 할 것이요 저녁에는 이르기를 아하 아침이 되었으면 좋겠다 하리라"(신 28:67).

당신이 불안과 두려움에 휩싸여 생동감 없는 삶을 살고 있다면, 그 불안과 두려움이 하나님의 말씀에 불순종하는 삶에서 기인하고 있지는 않은지 점검해 보라. 특정한 죄의 결과가 당신의 삶에서 불안과 두려움을 야기할 수 있다. 만약 그렇다면 죄를 고백하고 회개하라. 하나님은 반복해서 용서하신다. 그리고 불안과 두려움 대신에 기쁨과 평안을 주신다.

2 죄로 타락한 세상

환경적으로 볼 때 불안과 두려움은 타락한 세상과 연결되어 있다. 아담과 하와 이후의 모든 인간은 더 이상 완벽하고 안전한 에덴동산에서 살 수 없다. 독사 굴에 아기가 손을 넣어도 물지 않는 종말론적인 하나님 나라에서 살 때까지 모든 인간은 죄로 깨어진 이 세상에서 살 수밖에 없다.

타락한 세상은 불안을 야기한다. 지구도 안정적이지 못하다. 지진을 비롯한 자연재해가 언제 당신을 위협할지 모른다. 급속도로 변화하는 세상도 불안을 가중시킨다. 불투명한 미래가 우리를 위협하는 것이다.

실낙원을 경험했던 인간은 이마에 땀이 흘러야 양식을 먹을 수 있는 존재가 되었다. 그러나 수고의 땀을 흘려도 땅이 소산을 내지 않는 상황을 경험하면서 사람들은 불확실한 미래에 대해 불안과 두려움을 느끼게 되었다. 아무리 노력해도 수고한 만큼 결과가 오지 않을 수 있다는 사실을 알았기 때문이다. 믿는 자들조차 이방인들이 추구하는 것처럼 "무엇을 먹을까 무엇을 마실까 무엇을 입을까"(마 6:31) 염려한다. "하물며 너희일까 보냐 믿음이 작은 자들아"(마 6:30)라며 "너희를 위하여 보물을 땅에 쌓아 두지 말라"(마 6:19) 하신 예수님의 말씀을 들어도 하나님과 재물을 겸하여 섬기려고 하는 것(마 6:24 참조)이 믿는 자들의 자화상이다. 믿음이 작기 때문이다. 불안과 염려가 반복해서 밀려들기 때문이다. 현실을 무시할 수 없기 때문이다.

예기치 않은 위기가 닥쳐서 수고했던 모든 농사가 수포로 돌아갈 수 있는 것이 현실이다. 씨를 뿌려도 열매가 맺히지 않으면 '어떡하지?' 하고 걱정하며 염려하는 것이 농사짓는 사람들의 마음이다. 열심히 공부해도 원하는 대학에 진학하지 못할까 봐 안절부절못하는 것이 입시를 앞둔 고등학생들의 현실이다. 좋은 대학에 입학해서 좋은 성적으로 졸업을 해도 원하는 직장에 들어가지 못해서 좌절하는 청년들이 많은 것이 현실이다. 수고의 땀을 흘려도 결과물이 없어서 허탈해하는 사람들이 늘어나는 것이 최근 한국 사회의 안타까운 현실이다.

불안과 두려움이 상존하던 환경의 성경적인 예는 롯이 살던 소돔과 고모라에서 찾을 수 있다. 소돔과 고모라는 경제적으로 성공하기에 좋은 환경이었지만 신앙의 사람인 롯이 살기엔 적합한 곳이 아니었다. 사람들은 이기적이고 폭력적이며, 성적으로 타락해서 의인이 열 명도 없었다. 롯을 찾아온 두 천사들을 대하는 소돔 사람들의 모습은 폭력적이었으며 정욕적이었다. 낯선 두 여행자를 환대하는 롯과 대조적으로 그들은 롯의 집을 에워싸고 두 여행자들을 내놓으라고 위협했다. 심지어 천사를 보호하려는 롯을 향하여 "이 자가 들어와서 거류하면서 우리의 법관이 되려 하는도다 이제 우리가 그들보다 너를 더 해하리라 하고 롯을 밀치며 가까이 가서 그 문을 부수려고"(창 19:9) 했다.

사도 베드로는 소돔 사람들의 모습과 롯의 모습을 대조하면서 롯이 겪었던 갈등과 고통을 다음과 같이 지적했다: "무법한 자들의 음란한 행실로 말미암아 고통당하는 의로운 롯을 건지셨으니 이는 이 의인이 그들 중에 거하여 날마다 저 불법한 행실을 보고 들음으로 그 의로운 심령이 상함이라"(벧후 2:7-8). 롯이 보고 듣는 환경은 갈등과 불안, 두려움을 경험하게 하는 역기능적이며 죄악이 가득한 환경이었다. 그의 '의로운 심령이 상하는' 것은 당연했다. 롯은 심리적으로나 영적으로나 이미 취약한 상태였다.

소돔이 멸망한 뒤 모든 재산을 잃고 아내마저 잃었을 때 롯은 트라우마를 겪은 사람들 중에 일부가 경험하는 외상후 스트레스장애 증상을 보였다. 그는 두려움을 극복하지 못한 채 동굴에 거처하면서 여생을 보낸 것으로 추정된다. 그의 말년은 자폐적이었으며,

두 딸이 아버지에게 술을 먹여 취하게 한 후에 동침함으로써 자손을 얻는 죄악적이고 비극적인 삶이었다.

타락한 세상은 수많은 위기를 내포한다. 건강상의 위기, 재정상의 위기, 관계의 위기, 사회정치적 위기, 그리고 영적인 위기…. 이런 위기들은 불안과 두려움을 야기한다. 빠르게 변화하는 현대 사회는 사람들에게 누적된 위기감을 가져다준다. 위기에 동반되는 스트레스와 더불어 불안과 두려움도 누적된다. 위기가 찾아오기 전에도 위험한 상황이 닥치지 않을까 위기를 감당할 수 있을까 미리 불안을 느낀다. 누적된 스트레스가 임계점을 넘으면 어떤 이들은 공황장애를 겪기도 한다.

당신에게도 위기가 찾아올 수 있다. 위기에서 면제 받은 인간은 단 한 명도 없기 때문이다. 불안과 두려움에서 자유로운 인간도 단 한 명도 없다. 불안과 두려움이 없는 영원한 천국에 갈 때까지는 이 타락한 세상에서 불안과 두려움을 필연적으로 경험할 수밖에 없다. 따라서 부정적인 면은 극복하고 긍정적인 면은 활용하는 심리적 성숙과 신앙적 지혜가 필요하다.

3   수치심과 죄책감

선악과를 먹은 후에 아담과 하와는 이전엔 전혀 느끼지 못하던 수치심을 느끼게 되었다. 그래서 그들은 본능적으로 "무화과나무 잎을 엮어 치마"를 만들어 입었다(창 3:7). 관계에서 수치심과 불안을 경험한 것이다. 나뭇잎 치마는 정신분석학적으로 이해할 때 그들의 불안을 일시적으로 경감시키는 데 도움을 주는 '방어 기제'다.

아담은 "네가 어디 있느냐"고 물으시는 하나님의 음성에 "내가 벗었으므로 두려워하여 숨었나이다"(창 3:9-10)라고 대답했다. 수치심과 두려움이 연결된 것이다. 죄를 범한 아담과 하와에게 찾아온 수치심은 병리적인 불안과 두려움의 원인이 되었다. 죄책감 또한 불안과 두려움의 원인이다. 성경적으로 볼 때 수치심과 죄책감이 불안과 두려움보다 먼저 경험되었다.

수치심은 벌거벗었음을 깨닫는 데서부터 시작된 감정이다. 또한 가장 핵심적이며 원초적인 불안을 야기하는 감정이다. 수치심은 자신에게 무엇인가 결함이 있다는 것을 자각하거나 타인에게 그렇게 노출되는 것에 대한 두려움의 감정이다(죄를 범한 이후에 모든 인간은 적절한 수치심을 느껴야 건강한 삶을 살 수 있게 되었다).

에덴동산에서 수치심은 죄책감보다 먼저 경험되었다. 마찬가지로 심리발달 단계에서 아기는 수치심을 먼저 경험한다. 부모 대상에게서 적절한 공감과 돌봄을 경험하지 못할 때 아기는 존재의 가치를 느끼지 못하고 자신이 원하는 것을 제대로 표현하지 못한다.

수치심에 민감한 사람은 가능한 한 자신을 드러내지 않는다. 사소한 것이라도 드러내는 것을 힘들어한다. 다른 사람들이 볼 때 전혀 부끄럽지 않은 것까지도 과도하게 부끄러워한다. 이처럼 과도하게 수치심을 느끼는 것은 건강하지 못하다. 회피성 성격장애는 과도한 수치심과 연관성이 깊다.

반면, 수치심을 느껴야 하는데 느끼지 못하는 것도 병적이다. 반사회성 성격장애자들 중에는 수치심을 제대로 느끼지 못하는 사람들이 많다. 소위 '사이코패스'라고 불리는 사람들의 특징이다.

요셉을 낳았을 때 라헬이 한 말은 그녀가 그동안 겪었던 불임의 수치심과 불안을 잘 표현한다: "하나님이 내 부끄러움을 씻으셨다"(창 30:23). 이미 여러 명의 아들을 출산한 레아에게 남편 야곱의 사랑을 빼앗길지도 모른다는 두려움이 그녀에게 있었던 것이다. 성경은 이를 수치심으로 표현했지만 결국 수치심은 불안과 두려움과 연결되어 있었다.

사사 기드온의 첩의 아들이던 아비멜렉은 자기 형제 칠십 명을 죽이고 왕이 된 악한 자였다. 그는 자기를 왕으로 옹립해 준 세겜 사람들이 나중에 자신을 배신하자 그들을 처참하게 죽였다. 세겜 망대로 피한 약 천 명의 사람들을 불을 놓아 죽인 것이다(삿 9:49). 그리고 데베스에 있는 망대에서도 동일한 방법으로 사람들을 죽이려다가 망대 위에 있던 한 여인이 던진 맷돌에 맞아 두개골이 깨졌다. 이때 그는 자기의 무기를 든 병사를 급히 불러서 "너는 칼을 빼어 나를 죽이라 사람들이 나를 가리켜 이르기를 여자가 그를 죽였다 할까 하노라"(삿 9:54)고 말한다. 그의 말대로 그 병사는 그를 찔러 죽였다. 포악한 지도자였지만 그도 여인이 던진 맷돌에 자신의 두 개골이 깨져 죽는다는 사실을 수치스럽게 여겼던 것이다. 그에게도 일말의 수치심과 두려움이 남아 있었음을 알 수 있다. 사울 왕의 종말도 아비멜렉의 종말과 비슷했다. 사이코패스적인 사울에게도 수치심은 남아 있었던 것이다.

온갖 정보들이 노출되는 인터넷 세상에서 생각지도 않던 문제가 불거져 사람들의 입에 오르내릴 때 겪는 수치심은 트라우마 수준이다. 악성 댓글에 시달릴 때 겪는 수치심과 분노감은 삶의 기반을 흔들 만큼 불안과 두려움을 야기할 수 있다.

'연주 불안'(performance anxiety)이라는 용어가 있다. 연주자들이 준비한 음악을 연주하다가 틀리지 않을까 불안해하는 것을 의미한다. 피아니스트들은 보통 암보를 해서 연주하는데, 순간적으로 깜박하고 흐름을 놓쳐서 패닉 상태에 빠지는 경우가 간혹 발생한다. 사람마다 다르지만 민감한 연주자들은 수치심을 느낀 나머지 다시는 무대에 서지 못하는 경우도 있다고 한다. 수치심이 다시는 무대에 오르지 못하게 할 만큼의 두려움과 공포를 야기하는 것이다.

당신은 혹시 병적인 수치심으로 힘들어한 적이 있는가? 그것이 당신의 불안과 두려움과 어떻게 연결되는지 생각해 보라.

4 거절과 유기

아담과 하와는 죄를 범한 후에 가죽옷으로 표상되는 하나님의 용서와 수용을 경험했다. 그럼에도 불구하고 다시는 에덴동산으로 돌아갈 수 없었다. 그들은 낙원을 상실했다. 하나님과의 직접적인 교제를 거절당하고 쫓겨났다. "하나님이 그 사람을 쫓아내시고" 인간이 다시는 에덴동산에 들어와서 생명나무의 열매를 먹고 영생하지 못하도록 "에덴동산 동쪽에 그룹들과 두루 도는 불 칼을 두어 생명나무의 길을 지키게" 하셨다(창 3:22-24).

실낙원의 스토리에서 발견할 수 있는 것은, 아담과 하와 이후의 모든 인간은 정신세계 깊은 곳에 에덴동산, 품어 주는 환경, 안전한 환경에서 쫓겨난 트라우마를 무의식화한 존재라는 사실이다. 타락한 후에 모든 인간은 하나님에게서 버림받은 존재가 되었다. 전적으로 타락하여 스스로의 힘으로는 다시 하나님과 관계를 회복할 수 없는 존재가 되었다. 칼 융(Carl Jung)의 표현을 빌리자면 각 인간은 어릴적부터 '집단무의식'(collective unconscious: 융은 개인이 경험한 무의식 차원 너머에 인류의 보편적인 경험이 전수된 무의식 세계가 있다고 보았다) 속에서 하나님에게서 버려진 기억과 이에 준하는 '유기불안'과 씨름한다고 이해할 수 있다.

내담자들 중에는 태중에서 유기불안을 경험한 이들이 간혹 있다. 특히 원치 않는 임신으로 생긴 아기는 엄마의 뱃속에서 유기불안을 강하게 느낄 수 있다. 엄마가 생각으로라도 낙태를 고민할 때 아기는 유기불안을 느낀다. 이런 아기는 태어나 성장하면서 무의식 중에 거절에 대해서 민감한 성격을 갖게 될 가능성이 높다. 스스로를 세상에서 유기시키려는 자살 충동을 느낄 수도 있다. 거절과 유기불안이 특징인 경계선 성격장애를 가지고 있는 내담자들 중에는 어릴 때 부모로부터 거절당하고 유기된 경험이 있는 경우가 많다.

내담자들 중에는 성격 형성에 상당한 영향을 끼치는 만 3-4세까지의 양육 과정에서 부모와의 관계가 불안정적이었던 사람들이 의외로 많다. 이런 사람들은 불안이 내면화되며 성격화된다. 자신이 왜 이유 없는 불안에 시달리는지, 왜 대인관계에서 다른 사람들의 눈치를 보며 버려질까 봐 민감해하는지 이유를 모른 채 필요 이상의 긴장과 불안을 호소하는 내담자들이 많다. 이럴 때는 그 사람의 성장 과정을 탐색하는 것이 불안과 두려움을 이해하는 데 도움이 될 수 있다.

아담의 후손으로 태어난 모든 인간은 모태에서부터 거절에 대한 불안과 씨름한다. 엄마의 모태에서 생존하지 못한 채 자연유산되거나 인공유산될 수 있는 가능성에 대한 불안을 경험한다. 태어난 후에도 불안정한 환경에서 자랄 때 거절당하고 버려질 것에 대해서 의식적으로 또는 무의식적으로 불안을 느끼면서 성장한다. 거절감과 유기감은 불안과 관련된 인간의 핵심 감정들 중의 하나다.

베냐민은 엄마 라헬이 난산하는 바람에 출산 과정에서 엄청난 불안을 경험했던 사람이다. 자신의 생일이 엄마의 기일이 된 기구한 운명의 사람이다. 태중의 그를 애지중지하던 엄마 라헬을 잃은 아기 베냐민이 겪었던 불안과 공포는 어떠했을까? 엄마의 젖도 빨지 못한 그가 세상에 나와 처음 겪은 경험은 아버지 야곱의 통곡 소리와 형 요셉의 우는 소리였다.

유년의 때에 엄마의 따스함과 공감을 전혀 경험하지 못한 채 자란 베냐민은 엄마가 지어 준 이름인 '베노니', 즉 슬픔의 사람이었다. 그는 엄마의 상실을 충분히 애도하지도 못했고, 엄마의 얼굴도 목소리도 전혀 알지 못한 채 성장했다.

심리학적으로 이해한다면, 베냐민 지파의 공격성은 베냐민의 출산 과정과 무관하지 않다고 볼 수 있다. 베냐민의 성격발달 과정에서 엄마의 상실 경험은 무의식적이지만 트라우마였다. 그는 엄마 대상과 안정된 애착을 전혀 경험하지 못했다. 레아나 여종들로부터 수유 경험은 있었겠지만 따뜻한 엄마 경험은 하지 못했을 가능성이 높다. 애착 대상과 분리 또는 탈착(detachment)한 경험이 공격성 발달의 주요한 원인이라고 보는 것이 애착 이론가들의 주장이다. 베냐민의 심리적 특성을 야곱의 마지막 축복에서 추론할 수 있다: "베냐민은 물어뜯는 이리라 아침에는 빼앗은 것을 먹고 저녁에는 움킨 것을 나누리로다"(창 49:27).

베냐민 지파의 공격성은 사사기 마지막에 등장하는 사건에서 잘 드러난다. 베냐민 지파에 속한 기브아 사람들이 나그네인 레위 사람을 공격하려 하고 그의 첩을 욕보인 사건이 계기가 되어 열한 지파와 베냐민 지파가 전쟁을 하게 된다. 이때 베냐민 지파는 거의 멸절될 때까지 열한 지파와 전쟁을 하는 공격성을 보였다. 말째 지파인 베냐민 지파는 1대 11이라는 열세에도 아랑곳하지 않고 전쟁을 할 만큼 공격성이 발달한 지파였다. 하나님은 이 내전에서 살아남은 소수의 사람들 중 하나였던 기스의 아들 사울을 구원의 경륜 속에서 이스라엘의 첫 왕으로 선택하셨다. 사울은 기브아 사람이었다(삼상 10:26). 사울의 공격성은 베냐민 지파의 공격성을 물려받은 것일 수 있다고 해석하는 것도 무리가 아니다.

모세는 태어난 아기가 남자이면 무조건 나일 강에 던져 죽게 하라는 바로의 엄명이 내려진 시대에 태어났다. 모세의 엄마는 임신 기간 동안 상당한 불안을 느꼈을 것이고, 그녀가 경험했을 불안은 뱃속의 모세에게도 전달되었을 것이다. 그런 점에서 모세는 모태에서부터 불안을 익숙하게 경험한 사람이었다.

모세가 태어났을 때 "그가 잘생긴 것을 보고" 모세의 부모는 석 달 동안 그를 숨겨서 양육했다. 주변 사람들이 임신한 사실을 알고 있었을 텐데 출산 소식을 주변에 알리지 않고 3개월 동안 몰래 숨겨서 젖을 물리며 양육한 일은 온 가족에게 불안한 경험이었을 것이다. 히브리서 기자는 "석 달 동안 숨겨 왕의 명령을 무서워하지 아니하였으며"(히 11:23)라고 기록하고 있지만, 석 달 후에 그를 갈대 상자에 넣어 나일 강에 띄운 것을 보면 그들이 인간으로서 불안과 두려움을 겪었음을 알 수 있다. 아기 모세는 엄마의 품에 안겨서도 엄마가 느끼는 불안을 무의식적으로 느꼈을 것이다. 불안 이론에서는 아기가 불안한 이유 중 하나로 '불안한 엄마'(anxious mother)를 든다. 엄마가 불안하면 아기는 불안할 수밖에 없는 것이다.

마침내 더 이상 아기를 숨길 수 없게 되었을 때 모세는 비록 잠시 동안이었지만 부모에게서 떨어지는 분리불안과 유기불안을 경험했다. 바로의 공주가 갈대 상자를 발견하기 전까지 아기는 상자 속에서 영문도 모른 채 울고 있었다: "열고 그 아기를 보니 아기가 우는지라(he was crying)"(출 2:6). 생후 석 달이면 엄마와의 분리를 확인하기 힘든 '용해'(fusion) 상태인데 엄마와 분리된 채 울고 있던 모세가 겪은 불안은 기억하지는 못해도 무의식화된 트라우마 경험이었을 것이다. 다행스럽게도 모세는 다시 엄마 품으로 돌아가 젖을 뗄 때까지 엄마와 대상관계를 안정되게 할 수 있었다. 이는 트라우마 경험을 상쇄할 만한 안정된 애착관계였을 것이다.

가인은 동생 아벨을 죽인 후에 하나님의 용서와 수용을 부분적으로 경험했다. 그럼에도 불구하고 그는 땅에서 유리하는 자가 되었다: "네가 밭을 갈아도 땅이 다시는 그 효력을 네게 주지 아니할 것이요 너는 땅에서 피하며 유리하는 자가 되리라"(창 4:12). 그는 동생의 피를 받은 땅에서 거절당하는 존재가 되었다. 그는 에덴의 동쪽 놋 땅에 거주하면서 '성'(a city)을 건설했다. 가인이 성을 쌓은 것은 불안과 두려움에서 자신과 자신의 가족을 지키려는 상징적인 행동이었다.

신앙적으로 거절불안과 유기불안은 의미가 있다. 하나님과 화해하지 않은 채 살아가는 모든 자들은 거절과 유기에 대한 두려움을 반드시 느껴야 하기 때문이다. 모태에서부터 죄성을 가진 존재로 태어난 모든 인간은 예수 그리스도의 십자가를 통한 복음을 믿지 않은 채 죽는다면 하나님에게서 영원한 거절과 유기를 당한다. 영원한 지옥의 심판이 기다리고 있다. 이 두려움은 아무리 강조해도 지나치지 않다.

에덴에서 하나님에게서 거절당하여 버려진 인간은 이 거절감에서 오는 불안을 느끼지 않기 위해 종교적인 활동에 집착한다. 소위 '신경증적인 불안'으로 신을 만들어 내고, 신을 추구하는 종교 행위를 한다. 어리석게도 눈에 보이는 우상을 만들어 신적인 경외심을 표한다. 그리고 그 우상에게 자신을 지켜 주며 보호해 줄 것을 기도한다. 이것이 우상 숭배의 역동성이다. 그리고 중독의 역동성이다. 특히 현대 사회에서 각종 중독 경험으로 씨름하는 사람들에게는 내면 깊은 곳에 하나님과의 단절에서 오는 불안이 무의식화되어 있다.

감사하게도 하나님은 우리를 죄 가운데 버려두지 않으시고 하나님과의 관계를 회복할 수 있는 길을 열어 주셨다. 예수 그리스도의 십자가 사건으로 하나님과 원수 되었던 우리가 하나님과 화해한 존재로 변화된 것이 복음의 핵심이다. 누구나 이 회복된 관계, 화해

된 관계로 나아갈 수 있다는 것이 또한 복음이다.

　"긍휼하심을 받고 때를 따라 돕는 은혜를 얻기 위하여 은혜의 보좌 앞에 담대히(with confidence) 나아갈 것이니라"(히 4:16)는 말씀은 당신에게 힘을 준다. 예수 그리스도를 통하여 죄 용서를 받은 당신은 더 이상 '고아'가 아니다. 하나님은 당신을 거절하거나 유기하시는 분이 아니다. 당신은 하나님의 자녀가 되는 권세를 받은 자다. 건강한 자녀는 아버지에게 자신 있게, 용기 있게, 자연스럽게, 편하게 접근할 수 있다. 당신은 선하신 하늘 아버지의 보좌 앞에 불안과 긴장으로 나아가지 않아도 된다. 대신 기쁨과 확신으로 나아가야 한다. 하나님을 '아바'라 부를 수 있다.

5　불신앙

　하나님은 가나안 땅에 들어가기 전에 지파별로 지도자급의 사람들을 한 명씩 선발하여 가나안 땅을 정탐하라고 말씀하셨다(민 13:1-2). 열두 명의 정탐꾼들은 40일간의 정탐 후에 그들이 보았던 것을 보고하였다. 에브라임 지파 출신 여호수아와 유다 지파 출신 갈렙을 제외한 나머지 열 지파의 지도자들은 가서 스트레스만 받고 돌아왔다. 그들은 부정적인 보고만 했다: "우리가 두루 다니며 정탐한 땅은 그 거주민을 삼키는 땅이요 거기서 본 모든 백성은 신장이 장대한 자들이며 거기서 네피림 후손인 아낙 자손의 거인들을 보았나니 우리는 스스로 보기에도 메뚜기 같으니 그들이 보기에도 그와 같았을 것이니라"(민 13:32-33). 그들의 보고는 과장되었다. 그들은 그들이 '인지'한 '자극들'(stimuli)에 '두려움'이라는 '반응'(response)을 했다. 자극들을 해석하는 '인지' 장치(organism, 전두엽과 같은 뇌기관)가 제대로 작동하지 못한 것이다. 위협하는 자극 자체에 문제가 있었던 것이 아니라 그 자극을 해석하는 리더들의 '인지' 기능, 즉 믿음의 기능이 제대로 활성화되지 못했기 때문이다.

열 명의 족장들은 두려움에 휩싸여서 부정적인 면만 부각하며 과잉 일반화의 오류를 범하는 보고를 했다. 물론 아낙 자손의 거인들도 있었겠지만 가나안에 사는 '모든' 백성이 '다' 신장이 장대한 거인은 분명히 아니었을 것이다. 설령 그들이 모두 거인이었다 할지라도 가나안 족속들을 이스라엘에게 붙여 쫓아내겠다고 말씀하신 하나님의 약속과 광야에서 베푸신 하나님의 놀라운 기적들을 기억하고 믿음으로 해석했다면 그처럼 두려움에 떨지 않았을 것이다. 각 지파의 지도자급이었음에도 불구하고 그들은 놀랍게도 인본주의적인 관점에 사로잡혀 있었다. 그래서 그들은 "이스라엘 자손 앞에서 그 정탐한 땅을 악평"하였다(민 13:32). 더 나아가 그들은 자신들과 이스라엘 백성을 상대적으로 폄하하는 어리석은 인지 구조를 갖고 있었다: "우리는 스스로 보기에도 메뚜기 같으니 그들이 보기에도 그와 같았을 것이니라"(민 13:33).

인지치료에서는 불안이나 우울과 같은 부정적인 감정 경험에 자기 '도식'(schema)이 있음을 주목한다. 열 지파의 지도자들은 자신들이 누구와 '연결'되어 있는지에 대해서 잊고 있었다. 하늘과 땅을 창조하시고 만물을 다스리시며 열국을 폐하시기도 하고 세우시기도 하는 능력의 하나님이 그들을 구름기둥과 불기둥으로 인도하시며 역사하셨고 앞으로도 함께하실 것이라는 사실을 40일 동안 의식화하지 못한 것이다. 그들이 40일 동안 본 것은 그들이 이미 갖고 있던 부정적인 도식을 강화시키는 데이터로 작용했을 뿐이었다.

　　갈렙은 "우리가 곧 올라가서 그 땅을 취하자 능히 이기리라"(민 13:30)고 말하며 백성의 불안한 마음을 다독이고자 했다. 그러나 온 회중은 부정적인 보고를 '아멘'으로 받아들였다. 그래서 "온 회중이 소리를 높여 부르짖으며 백성이 밤새도록 통곡"하였다(민 14:1). 백성은 엄청난 불안과 두려움에 휩싸였고 그 감정은 곧 분노로 바뀌었다. 그들은 모세와 아론을 원망했다: "우리가 애굽 땅에서 죽었거나 이 광야에서 죽었으면 좋았을 것을 어찌하여 여호와가 우리를 그 땅으로 인도하여 칼에 쓰러지게 하려 하는가 우리 처자가 사로잡히리니 애굽으로 돌아가는 것이 낫지 아니하랴"(민 14:2-3).

　　장정만 60만 명이 넘는 큰 민족이었지만, 불안에 빠진 백성의 뇌는 모두 어리석고 둔해졌다. 그들은 심지어 "우리가 한 지휘관을 세우고 애굽으로 돌아가자"(민 14:4)고까지 했다. 신앙 대신에 불안과 불신앙이 자리 잡으면 이와 같은 반응이 생기는 것은 당연하다.

우리의 뇌는 불안에 더 잘 반응하도록 되어 있다. 긍정적인 데이터 보다는 부정적인 데이터를 더 신뢰하기 때문이다.

모세와 아론이 온 회중 앞에서 땅에 엎드렸다(민 14:5). 이때 여호수아와 갈렙은 자기들의 옷을 찢으며 놀라운 신앙 고백을 했다: "우리가 두루 다니며 정탐한 땅은 심히 아름다운 땅이라 '여호와께서 우리를 기뻐하시면' 우리를 그 땅으로 '인도하여 들이시고' 그 땅을 우리에게 '주시리라' 이는 과연 젖과 꿀이 흐르는 땅이니라 다만 여호와를 거역하지는 말라 또 그 땅 백성을 두려워하지 말라 '그들은 우리의 먹이라' 그들의 보호자는 그들에게서 떠났고 '여호와는 우리와 함께하시느니라' 그들을 두려워하지 말라"(민 14:7-9). 하나님 중심적인 관점에서 해석하고 보고하는 그들의 뇌는 신앙적이며 긍정적이었다. 심지어 '그들은 우리의 밥(먹이)이라'고까지 했다. 차려 놓은 상을 먹기만 하면 되는 전쟁이라는 뜻이다. 어리석게도 백성은 그런 그들을 돌로 치려고 했다(민 14:10).

6 죽음에 이르는 죄

하나님은 율법을 통하여 반드시 죽여야 할 경우를 명시하셨다. 오늘날은 사람을 반드시 죽이지는 않지만 구약시대 율법이 한시적으로 유효했던 시절에는 이 율법의 시행이 하나님의 정의를 실현하는 방법이었다. 이 내용을 통해 우리들도 하나님이 금지하며 싫어하시는 죄가 무엇인지를 알고 경각심을 가져야 할 필요가 있다.

사형에 해당하는 행동을 했을 때 당사자가 겪어야 할 불안과 두려움은 매우 클 것이다. 이 불안과 두려움은 중한 죄를 범하지 않도록 막아 주는 순기능을 담당한다. 오늘날도 싱가포르와 중국은 마약을 취급하는 사람들을 사형하는 엄격한 사법제도를 운용하고 있는데, 실제로 이 나라들은 다른 나라들보다 마약 사용률이 낮은 것으로 알려져 있다.

율법에 나타난 사형에 해당하는 죄를 살펴보는 것은 의미가 있다. 첫째, 하나님은 "사람을 쳐죽인 자는 반드시 죽일 것"이라고 말씀하셨다(출 21:12, 레 24:17). 이 법은 거류민이나 본토인이나 동일하게 적용되어야 했다(레 24:22). 다만 고의성이 없는 살인자는 도피성으로 도망할 수 있는 기회를 주셨다(출 21:13 참조).

둘째, "자기 아버지나 어머니를 치는 자는 반드시 죽일지니라"(출 21:15) 하고 말씀하셨다.

셋째, "사람을 납치한 자가 그 사람을 팔았든지 자기 수하에 두었든지 그를 반드시 죽일지니라"(출 21:16). 이 율법을 소급 적용했다면 야곱의 형들은 요셉을 납치했고 종으로 팔았기 때문에 반드시 죽여야 할 중죄인들이었다.

넷째, "자기의 아버지나 어머니를 저주하는 자는 반드시 죽일지니라"(출 21:17, 레 20:9). 부모를 치는 것과 저주하는 것이 얼마나 심각한 죄악인지 모른다. 부모를 학대하는 현대인들은(그리스도인들을 포함하여) 경각심을 가져야 할 것이다.

다섯째는 짐승을 죽여야 하는 상황이라는 점에서 독특하다. "소가 남자나 여자를 받아서 죽이면 그 소는 반드시 돌로 쳐서 죽일 것이요… 소가 본래 받는 버릇이 있고 그 임자는 그로 말미암아 경고를 받았으되 단속하지 아니하여 남녀를 막론하고 받아 죽이면 그 소는 돌로 쳐죽일 것이고 임자도 죽일 것"이라고 말씀하셨다(출 21:28-29).

여섯째, "너는 무당을 살려 두지 말라"(출 22:18)는 말씀에서 무당이 존재하는 것을 싫어하시는 하나님의 마음을 엿볼 수 있다. 그리스도인들은 하나님이 무당을 찾아가거나 점을 보는 것을 싫어하신다는 사실을 반드시 인식해야 할 것이다.

일곱째, "짐승과 행음하는 자는 반드시 죽일지니라"(출 22:19)고 말씀하셨다. "남자가 짐승과 교합하면 반드시 죽이고 너희는 그 짐승도 죽일 것이며 여자가 짐승에게 가까이하여 교합하면 너는 여자와 짐승을 죽이되 그들을 반드시 죽일지니"라고 좀 더 상세하게 말씀하셨다(레 20:15-16). 수간(獸姦)은 율법으로 금지된 행위다. 이런 것을 창의적이라고 생각하는 사람이 있다면 그는 느껴야 할 불안과 두려움을 느끼지 못하는 사람이다.

여덟째, "여호와 외에 다른 신에게 제사를 드리는 자는 멸할지니라"(출 22:20)고 말씀하셨다. 이 율법은 나중에 북이스라엘과 남유다에서 해이하게 시행됨으로써 우상 숭배가 끊어지지 않게 되었다.

결국 하나님이 우상 숭배 죄를 반복하는 북이스라엘과 남유다를 완전히 멸망시키셨다. 처음에는 불안과 두려움을 느꼈겠지만 이 악습이 암처럼 번져 나가자 이스라엘 백성은 죄의식을 느끼지 못했고 온갖 우상들을 수입해서 숭배하는 엄청난 죄악을 범했다.

아홉째, "너희는 안식일을 지킬지니… 그 날을 더럽히는 자는 모두 죽일지며… 안식일에 일하는 자는 누구든지 반드시 죽일지니라"(출 31:14-15)고 말씀하셨다. 죽음을 담보로 하는 안식일 계명은 하나님과 그의 백성 사이에서 매우 중요한 계명이었다. 신약시대부터 안식일은 더 이상 구약적인 안식일로 지켜지지는 않지만 안식일의 정신은 여전히 유효하다. 구약시대에는 불안과 두려움으로 안식일이 지켜졌다면, 신약시대의 주일성수는 기쁨과 감사함, 그리고 예배로서 지켜져야 한다. 주일성수 개념이 젊은 세대로 갈수록 점점 희박해지는 것은 건강한 의미에서 우리가 불안을 느껴야 할 영역이다. 불안을 느낌으로 문제의식을 갖고 주일성수를 회복해야 한다.

열째, "그의 자식을 몰렉에게 주면 반드시 죽이되 그 지방 사람이 돌로 칠 것"이라고 말씀하셨다(레 20:2). 하나님은 우상에게 자식을 제물로 주어 불태워 죽이는 악습을 금지하셨다.

열한 번째, "누구든지 남의 아내와 간음하는 자 곧 그의 이웃의 아내와 간음하는 자는 그 간부와 음부를 반드시 죽일지니라"고 말씀하셨다(레 20:10).

열두 번째, "누구든지 그의 아버지의 아내와 동침하는 자는 그의 아버지의 하체를 범하였은즉 둘 다 반드시 죽일지니"라고 말씀하셨다(레 20:11).

열세 번째, "누구든지 그의 며느리와 동침하거든 둘 다 반드시 죽일지니"라고 말씀하셨다(레 20:12).

열네 번째, "누구든지 여인과 동침하듯 남자와 동침하면 둘 다 가증한 일을 행함인즉 반드시 죽일지니"라고 말씀하셨다(레 20:13). 동성애의 심각성과 치명성을 잘 지적하는 말씀이다.

열다섯 번째, "누구든지 아내와 자기의 장모를 함께 데리고 살면 악행인즉 그와 그들을 함께 불사를지니 이는 너희 중에 악행이 없게 하려 함이니라"고 말씀하셨다(레 20:14).

열여섯 번째, "남자나 여자가 접신하거나 박수무당이 되거든 반드시 죽일지니 곧 돌로 그를 치라"고 말씀하셨다(레 20:27). 사울 왕은 아마도 이 율법에 의거하여 "신접한 자와 박수를 그 땅에서 쫓아내었"던 것으로 보인다(삼상 28:3). 그러나 아이러니하게도 그는 길보아 산 전투를 앞두고 두려워서 신하들에게 "나를 위하여 신접한 여인을 찾으라"(삼상 28:7)고 명령했다. 그는 엔돌에 신접한 여인이 있다는 신하들의 말을 듣고 변장한 몸으로 그 여인에게 찾아가 죽은 사무엘을 불러 달라고 하는 이율배반적인 행동을 했다(삼상 28:11).

열일곱 번째, "어떤 제사장의 딸이든지 행음하여 자신을 속되게 하면 그의 아버지를 속되게 함이니 그를 불사를지니라"고 말씀하셨다(레 21:9). 오늘날도 회교 국가에서는 가족 처벌이 종종 일어난다. 이는 야만적으로 보이지만, 사실 구약시대에는 실제로 행해져야 하는 율법이었다. 제사장의 딸이 행음하는 것을 매우 중하게 본 것이다. 오늘날로 말하면 목회자의 아들이나 딸이 잘못을 했을 때 엄중하게 다스려야 한다고 말씀하신 셈이다. 제사장의 가족들이 겪어야 할 긴장과 불안은 매우 컸을 것이다. 자식을 잘못 양육하고 다스릴 경우에 자식이 백성 앞에서 화형을 당해야 하는 상황이 벌어질 수도 있었기 때문이다.

열여덟 번째, "여호와의 이름을 모독하면 그를 반드시 죽일지니 온 회중이 돌로 그를 칠 것이니라"(레 24:16)고 말씀하셨다. 광야 여정에서 어머니는 이스라엘 단 지파 출신이고 아버지는 애굽 출신인 어느 사람이 한 이스라엘 사람과 진영 중에서 싸우다가 여호와의 이름을 모독하여 저주를 한 사건이 발생했을 때 하나님이 명령하신 말씀이다(레 24:10-16). 하나님은 처벌 방식도 말씀해 주셨다: "그 저주한 사람을 진영 밖으로 끌어내어 그것을 들은 모든 사람이 그들의 손을 그의 머리에 얹게 하고 온 회중이 돌로 그를 칠지니라"(레 24:14). 이스라엘 자손은 하나님의 명령대로 준행하였다(레 24:23). 하나님은 충동적으로라도 신성모독 하는 말을 하는 것을 금지하셨다. 오늘날 하나님의 이름을 망령되이 일컫거나 언어폭력이 심해서 하나님에게까지 욕하며 저주하는 사람들은 심판에 대한 불안과 두려움을 느껴야 할 것이다.

이외에도 근친상간이나 근친강간의 경우에도 "그들의 민족 앞에서 그들이 끊어질지니"(레 20:17)라고 말씀하시고 "월경 중의 여인과 동침하여 그의 하체를 범하면 남자는 그 여인의 근원을 드러냈고 여인은 자기의 피 근원을 드러내었음인즉 둘 다 백성 중에서 끊어지리라"(레 20:18)고 경고하셨다. 또 이모나 고모, 숙모나 형제의 아내와 동침하거나 동거하면 자식이 없이 죽거나 자식이 없을 것이라고 말씀하셨다(레 20:19-21). 사형에 해당하는 행위들은 가나안 족속들의 풍속이었다(레 20:23 참조). 이스라엘 백성은 이와 같이 죽임을 당할 수 있는 치명적인 죄를 범했을 때 심각한 수준의 불안과 두려움을 느껴야 했다.

인권을 강조하는 현대 사회에서 사형제도는 점점 사라지고 있다. 기독교 윤리학자들 사이에도 의견의 차이가 있지만 범죄를 예방하며 사회정의를 구현하는 차원에서 분별력 있는 사형제도는 오늘날에도 유효하게 시행될 필요가 있다고 생각한다. 범죄의 결과를 두려워하지 않기 때문에 하나님의 형상을 지닌 인간을 쉽게, 충동적으로 살해하는 면이 있기 때문이다.

chapter 3

왜 관계하기
어려울까

불안과 두려움의 이유 2

　　죄가 들어온 뒤 하나님과 인간의 관계도 뒤틀어졌지만 인간 간의 관계도 뒤틀어졌다. "살 중의 살, 뼈 중의 뼈"의 관계가 긴장과 수치와 불안이 있는 관계로 변화되었다. 대인 공포증 또는 사회 공포증이라는 장애가 생길 정도로 다른 사람들과의 관계는 상당한 스트레스와 고통을 야기하기까지 한다. 이 장에서는 인간관계에 불안과 두려움을 야기하는 이유들이 무엇인지를 몇 가지로 살펴보고자 한다. 이 땅에서 인간의 실존적인 삶 자체가 불안을 유발하는 것임을 아울러 언급할 것이다.

1 경쟁적인 관계

동생이 태어나면 아이들은 대부분 불안을 느낀다. 왜냐하면 자신에게 집중되었던 엄마와 아빠의 관심이 동생에게 쏠린다는 것을 감지하기 때문이다. 그래서 부모의 관심을 끌기 위해 퇴행 행동을 하는 경우가 많다. 퇴행 행동은 불안의 표현이다. 자신을 향한 부모의 관심을 빼앗기고 싶지 않기 때문이다. 태어난 동생에 대해서는 경쟁심과 질투심을 의식적으로 혹은 무의식적으로 느껴서 부모 몰래 꼬집거나 때리기까지 한다. 불안이 공격성으로 표현되는 것이다.

라헬은 자신이 임신하지 못하고 있는데 언니 레아가 아들을 네 명이나 낳자 불안을 느꼈다. 야곱의 관심이 여러 아들을 낳은 레아에게 쏠릴까 봐 불안했기 때문이다. 그녀의 극심한 불안은 마침내 시기심으로 표출되었다: "자기가 야곱에게서 아들을 낳지 못함을 보고 그의 언니를 시기하여 야곱에게 이르되 내게 자식을 낳게 하라 그렇지 아니하면 내가 죽겠노라"(창 30:1) 오늘날의 표현으로 말하자면 "아이를 못 낳으면 자살이라도 감행하겠다"는 협박인 것이다.

그러나 야곱은 라헬의 불안을 다독여 주지 않았다: "성을 내어 이르되 그대를 임신하지 못하게 하시는 이는 하나님이시니 내가 하나님을 대신하겠느냐"(창 30:2). 이 반응을 보면 야곱도 불안을 크게 느꼈음을 알 수 있다. 분노를 터트린 것과 "내가 하나님을 대신하겠느냐"고 말한 것을 보면 야곱이 라헬의 극심한 불안과 직면해서 안정시키며 위로하기에는 심리적으로 성숙하지 못했음을 알 수 있다.

라헬은 놀랍게도 야곱의 할머니였던 사라가 사용했던 방식을 제안한다. 사라가 하나님의 약속을 기다리지 못하고 불안해서 여종 하갈을 통해 아들을 얻으려 했던 것처럼 라헬은 태를 열기도 하시고 닫기도 하시는 하나님을 신뢰하지 못했다. 그녀가 극심한 불안을 느끼는 상황에서 사용한 방식은 그 불안을 자신의 통제 아래에 둠으로써 해결하려는 인본적인 것이었다.

야곱 또한 이 불안한 상황을 좀 더 지혜롭고 신앙적으로 대처하지 못했다. 리브가가 오랫동안 임신하지 못했을 때 아버지 이삭이 하나님께 기도해서 자기를 낳은 것을 기억하지 못했다. 라헬의 말에 순응하여 그녀의 여종 빌하와 동침하는 수동적인 행동을 보인 것이다. 결과적으로는 하나님이 이 모든 과정을 합력해서 이스라엘의 열두 지파를 탄생시키는 선으로 이루셨다. 그러나 야곱과 라헬의 관점에서 본다면 그들의 행동은 그들의 불안과 불신앙에서 기인하는 것이었다.

라헬의 불안과 고통은 여종 빌하를 통해서 얻은 아들 단의 이름을 짓는 과정에서 잘 드러난다: "하나님이 내 억울함을 푸시려고 내 호소를 들으사 내게 아들을 주셨다"(창 30:6). 불임의 불안을 겪지 않은 사람은 라헬의 심정을 이해하지 못할 것이다. 더구나 남편 야곱이 언니 레아와 성관계를 할 때는 임신이 되는데 자신과 성관계를 할 때는 임신이 되지 않는 일이 수년 동안 반복되면, 특히 고대 사회에서 라헬이 느꼈을 불안은 매우 컸을 것이다. 라헬은 대리적인 방식으로라도 자신의 불안을 해소하려고 시도했다. 그래서 빌하가 다시 임신했을 때 "내가 언니와 크게 경쟁하여 이겼다"(I have had a great struggle with my sister, and I have won)면서 아들의 이름을 '납달리'라고 지었다(창 30:8).

법적으로 두 아내를 둔 야곱이 레아와 라헬 사이에서 겪어야 했던 불안은 라헬이 베냐민을 낳고 죽을 때까지 계속되었다. 형 에서와의 갈등과 불안을 피해 라반의 집까지 피신해 왔지만 그는 아내들 간의 갈등으로 오랫동안 불안을 친구 삼아 지내야 했다.

2 분리불안

인간은 창세기 2장에서 부모를 '떠나야'(leave) 하는 존재로 묘사되었다. 남자나 여자나 성인이 되어 결혼하게 될 때 반드시 거쳐야 하는 통과의례는 '떠남'이다. 원가족인 부모에게서 떠나서 심리적, 경제적으로 독립해야 한다.

문제는 이 떠남의 과정이 불안을 야기한다는 데 있다. 자녀를 떠나보내는 부모도 불안을 경험한다. 떠나는 자녀도 불안을 느낀다. 이때 약간의 분리불안을 느끼는 것은 현실적으로 정상이다. 그러나 자녀와 '불안한 애착'(anxious attachment) 관계나 '과도한 애착'을 유지해 온 부모라면 자녀를 떠나보내는 것을 매우 힘들어한다. 심지어 어떤 부모는 자녀를 떠나보내야 한다는 사실 자체를 이해하지 못한다.

한국인들은 전통적으로 결혼을 '며느리가 시가에 들어가거나 사위가 처가에 들어가는 것'으로 여기는 사고방식이 남아 있다. 그래서 결혼을 '시집가다' 또는 '장가가다'라고 표현한다. 그러나 이것은 성경적인 결혼관이 아니다.

심리적으로 성숙한 부모는 자녀가 어릴수록 의존욕구를 채워 주고 성장해 갈수록 독립욕구를 격려해야 한다. 성인기에 접어든 자녀와는 점점 심리적인 의존도를 줄이면서 서로가 경험하고 느끼는 분리불안을 공감하며 스스로 다독일 수 있다.

소위 '헬리콥터 부모'가 가진 핵심 이슈는 불안이다. 불안한 부모는 자녀가 시행 착오하는 것을 지켜볼 수가 없다. 도와주고 보호해 주고 싶어서 자녀의 결정에 개입한다. 문제는 이와 같은 개입이 자녀의 성장을 방해한다는 사실이다. 불안이 심한 부모는 결국 의존적인 자녀를 만들어 낸다. 《사람 만들기》(홍익재 역간)의 저자 버지니아 사티어(Virginia Satir)의 표현을 빌리자면 이런 가정에서는 '불량품의 인간'이 제조될 가능성이 높다. 불안에 취약한 심리 구조를 가진 자녀는 결혼을 해도 결혼생활에 수반되는 스트레스와 고통을 감당하기가 어렵다. 갈등을 건강하게 대처하지 못하면 별거와 이혼의 위험성이 높다.

"그의 아내와 합하여(united) 한 몸을 이룰지로다"(창 2:24)의 말씀은 단순히 두 사람이 성교로 한 몸이 되는 것을 의미하지 않는다. 삶의 가치관과 신앙을 공유하며 서로 돕는 '베필'(helper)로서 '연합됨'을 의미한다.

삶의 역사와 성격, 성이 다른 존재가 '한 몸'을 이룬다는 것은 결코 쉬운 일이 아니다. 차이와 다양성을 서로 이해하고 인정하며 수용하면서 점점 '연결 짓기'를 하는 한편, '구별 짓기'를 해야 할 때는 구별해야 한다. 분리불안이 큰 배우자는 상대 배우자와 구별 짓기를 힘들어한다. 그렇게 되면 각자의 독립성이 희생되는 '동반의존'(codependence)의 결혼생활을 하게 된다. 상대방이 자신과 동일한 사람이 아님을 인정하고 상대방의 성격이나 장단점이 자신의 것과 다를 수 있다는 점을 이해하고 수용하면 불필요한 갈등과 오해를 방지하고 극복할 수 있다.

'남자는 배 여자는 항구'라는 유행가가 있다. 전통적인 남녀관계의 메타포를 사용한 유행가다. 이 메타포를 빌려 부부관계를 불안과 연결해서 이해할 수 있다. 배는 망망대해를 향해 출항할 때가 있지만 언젠가는 항구로 귀항해야 한다. 이때 항구(harbor)는 '대상 항상성'(object constancy)을 제공한다. 배는 세상으로 나아가서 탐색하고 모험하며 일하는 남편을 상징한다. 바다로 나갔던 배가 되돌아와서 항구로 상징되는 아내와 가정에 정박하는 과정에서 약간의 긴장과 불안이 생길 수 있다.

매일의 삶에서 남편과 아내는 서로 구별 짓기와 연결 짓기의 작업을 한다. 주말부부라면 이 작업에서 불안이 생길 수 있다. 또한 유학을 떠난 자녀와 부모 간에도 이 불안이 경험될 수 있다. 기러기 가족으로 떨어져 지내는 부부관계에서 특히 이 역동으로 인한 불안과 긴장이 생길 가능성이 높다. 만남의 기쁨이 충분히 경험되기도 전에 예견된 헤어짐으로 인한 슬픔이 불안과 두려움을 가져올 수 있다. 그래서 오래 떨어져 지내는 부부라면 다시 만나는 과정에서 기쁨과 불안을 동시에 경험할 수 있다는 사실을 서로 공감하고 이해할 필요가 있다. 배가 항구에 접근할 때 배가 손상되지 않도록 배 모서리 부분에 충격을 완충시키는 고무타이어나 범퍼를 붙여 놓는다. 마찬가지로 떨어져 지내는 부부나 부모 자녀라면 이와 같은 완충 역할을 하는 장치를 지혜롭게 잘 사용하는 것이 필요하다.

3   비판

사람들은 일반적으로 비판을 받으면 불안해하며 분노한다. 비판하는 것처럼 느껴지기만 해도 방어자세를 취한다. 거절감과 위협감을 느끼기 때문이다.

예수님은 산상보훈에서 "비판을 받지 아니하려거든 비판하지 말라"(마 7:1)고 가르치셨다. 일반적으로 생각할 때는 "비판을 받지 아니하려거든 매사에 조심하고 완벽하도록 노력하라"고 가르쳐야 할 것 같은데 예수님은 다른 각도에서 접근하신 것이다. 비판하는 자의 마음에 자신도 비판 받을 수 있는 영역이 있음을 먼저 인식하라는 것이다. 심지어 비판하는 그 이슈가 자신의 이슈임을 자각하라고 말씀한다. "어찌하여 형제의 눈 속에 있는 티는 보고 네 눈 속에 있는 들보는 깨닫지 못하느냐 보라 네 눈 속에 들보가 있는데 어찌하여 형제에게 말하기를 나로 네 눈 속에 있는 티를 빼게 하라 하겠느냐"(마 7:3-4)라고 투사의 역동성을 잘 묘사하셨다.

로마서에서 바울 사도는 예수님의 말씀과 동일한 말씀을 언급했다: "그러므로 남을 판단하는 사람아, 누구를 막론하고 네가 핑계하지 못할 것은 남을 판단하는 것으로 네가 너를 정죄함이니 판단하는 네가 같은 일을 행함이니라"(롬 2:1). 남을 판단하는 자에게는 하나님의 심판이 있을 것이라고도 경고했다: "이런 일을 행하는 자에게 하나님의 심판이 진리대로 되는 줄 우리가 아노라 이런 일을 행하는 자를 판단하고도 같은 일을 행하는 사람아, 네가 하나님의 심판을 피할 줄로 생각하느냐"(롬 2:2-3); "다만 네 고집과 회개하지 아니한 마음을 따라 진노의 날 곧 하나님의 의로우신 심판이 나타나는 그날에 임할 진노를 네게 쌓는도다"(롬 2:5).

자신의 잘못을 인식하지 못하고 계속해서 투사하며 살아가는 삶에 임할 하나님의 심판을 생각하면 참으로 두렵다. 실존적인 불안을 느껴야 한다. 이 불안을 차단하지 않고 느껴야 삶의 태도를 수정할 수 있다. 하나님의 의로우신 심판을 두려워해야 남을 판단하면서 자신이 동일한 죄를 범하는 삶을 버릴 수 있다.

자기가 비판하는 문제가 바로 자신의 문제임을 자각할 때 밀려오는 불안은 너무나 크다. 다윗은 나단 선지자가 말해 준 이야기가 자신의 이야기라는 사실을 몰랐을 때는 심히 분노했으나, 막상 그 이야기의 주인공이 자신이라는 사실을 깨닫고 나서는 극심한 불안을 느꼈을 것이다. 그 불안을 직면하여 부인하지 않고 진실을 인정한 것을 볼 때 다윗은 신앙과 심리적 기능이 성숙했음을 알 수 있다.

예수님은 자신의 들보를 깨닫지 못하는 자를 가리켜 '외식하는 자'라고 진단하셨다. 겉과 속이 다름에도 불구하고 그 사실을 자각하지 못하는 것이다. 자신의 내면에 죄성이 꽉 차 있는데도 그 사실을 인식하지 못하고 사는 현대인들이 많다. 이들이 변화로 나아가려면 "먼저 네 눈 속에서 들보를 빼어라 그 후에야 밝히 보고 형제의 눈 속에서 티를 빼리라"(마 7:5)는 예수님의 말씀을 심각하게 듣고 순종해야 한다.

자신의 눈 속에 들보가 있다는 사실을 자각하는 것은 매우 두려운 일이다. 애써 쌓아올린 자존감이 무너질 것 같은 두려움을 느낄 수도 있다. 그러나 그 불안과 두려움을 직면해야 한다. 고통스럽더라도 두 눈을 뜨고 자신을 객관적으로 보아야 한다. 예수 그리스도의 십자가 복음을 체험해야 조금씩 들보가 인식되며 빠지기 시작할 것이다. 아니 들보의 사이즈가 줄어들 것이다. 만약 들보가 줄어든다면 형제의 눈에 있는 티는 보이지 않게 될 것이다. 형제의 허물을 보고 싶어도 보이지 않을 것이다.

4 죽음

두려움의 핵심 원인은 죽음에 있다. 죽지 않으려다 보니 두려움을 느끼는 것이다. 죽어도 좋다고 생각하면 두려울 것이 없다. 문제는 인간은 누구나 더 살고 싶어 하지, 죽고 싶어 하지 않다는 데 있다.

일제 강점기에 일본이 신사참배를 요구했을 때 많은 목사들과 신자들이 신사참배는 우상 숭배가 아니라고 합리화하며 신앙의 절개를 포기했다. 고문과 죽음이 두려웠기 때문이다. 이와 대조적으로 비슷한 상황에서 다니엘과 세 친구들은 "죽으면 죽으리라"고 결심하고 죽음의 공포를 극복한 놀라운 신앙을 보여 줬다.

다니엘은 메대와 페르시아 제국의 다리오 왕 시대에 총리가 되었다. 그러나 그를 질투하는 권력자들 때문에 매우 위험한 처지에 놓이게 되었다. 국사에 대해서 다니엘을 고발할 근거를 찾지 못하던 권력자들이 계략을 꾸며 다니엘을 넘어뜨리려 했기 때문이다

(단 6:4-7 참조). 그들은 "삼십일 동안에 누구든지 왕 외의 어떤 신에게나 사람에게 무엇을 구하면 사자 굴에 던져 넣기로 한" 금령을 만들고 왕의 도장을 받았다. 그러나 다니엘은 "이 조서에 왕의 도장이 찍힌 것을 알고도… 창문을 열고 전에 하던 대로 하루 세 번씩 무릎을 꿇고 기도하며 그의 하나님께 감사"하는 놀라운 신앙을 드러냈다(단 6:10). 그는 숨어서 기도하지 않았다. 그는 예루살렘 방향의 '창문을 열고' 기도했다. 대적들을 두려워하지 않았다.

세 친구들인 사드락과 메삭과 아벳느고는 금신상 앞에 절하지 않음으로써 기꺼이 처벌을 받는 신앙인들이었다. 큰 신상에 관한 꿈을 꾸었던 느부갓네살 왕은 어리석게도 자신의 힘을 표상하는 큰 금신상을 만들고 낙성식을 거행했다. 뿐만 아니라 "누구든지 엎드려 절하지 아니하는 자는 즉시 맹렬히 타는 풀무불에 던져 넣으리라"는 명령을 내렸다(단 3:6). 뜨거운 불 속에 산 채로 던져지는 것은 상상만 해도 끔찍하고 두려운 일이었다. 신경이 끊어지기 전까지 느끼는 피부의 고통과 몸이 타는 냄새까지 연상하면 그 두려움은 훨씬 커진다.

이런 끔찍한 결과가 예상됨에도 불구하고 세 친구들은 신상에 절하지 않았다. 마침내 그들은 느부갓네살 왕에게 참소되었고 왕은 분노했다(단 3:13). 그들을 아끼던 왕은 그들에게 타협안을 제시했다. 이때 정작 불안을 느낀 것은 왕이었다. 세 친구들은 극심한 죽음의 공포를 느낄 수 있는 상황에서 전혀 비굴한 태도를 취하지 않았다.

오히려 당당하게 대답했다: "느부갓네살이여 우리가 이 일에 대하여 왕에게 대답할 필요가 없나이다 왕이여 우리가 섬기는 하나님이 계시다면 우리를 맹렬히 타는 풀무불 가운데에서 능히 건져내시겠고 왕의 손에서도 건져내시리이다 그렇게 하지 아니하실지라도 왕이여 우리가 왕의 신들을 섬기지도 아니하고 왕이 세우신 금 신상에게 절하지도 아니할 줄을 아옵소서"(단 3:16-18). 놀라운 신앙의 고백이다.

다니엘과 세 친구는 자신의 조국 유다 왕국이 처참하게 멸망당했지만, 그것이 하나님이 능력이 없어서가 아니라 조국의 우상숭배 죄로 인한 것임을 잘 알고 있던 귀한 신앙의 청년들이었다. 비록 타국에서 높은 벼슬에 올랐지만 여전히 주권적으로 역사하시는 참 신인 하나님에 대한 신앙으로 철저히 무장되어 있었다. 그들은 이방 제국에서 자신들의 안위를 위해 적당히 타협하는 신앙의 길을 택하지 않았다. 보이지 않는 여호와 하나님에 대한 충절을 지키기 위해 평소보다 칠 배나 더 뜨거워진 풀무불에 들어가는 것을 두려워하지 않았다.

옷 입은 채로 던져진 풀무불 속에서 "결박되지 아니한 네 사람이 불 가운데로 다니는데 상하지도 아니하였고 그 넷째의 모양은 신들의 아들과 같도다"(단 3:25)라고 느부갓네살이 고백한 것처럼 놀랍게도 세 친구는 죽지 않았다. 오히려 조금도 상하지 않았다. 과학적으로 도저히 설명할 수 없는 기적이 일어난 것이다. 느부갓네살은 그들을 "지극히 높으신 하나님의 종"이라고 불렀다. 불 가운데서 나오라고 했을 때 그들은 "머리털도 그을리지 아니하였고 겉옷 빛도 변하지 아니하였고 불 탄 냄새도 없었"다(단 3:27). 느부갓네살은 "사드락과 메삭과 아벳느고의 하나님을 찬송할지로다 그가 그의 천사를 보내사 자기를 의뢰하고 그들의 몸을 바쳐 왕의 명령을 거역하고 그 하나님 밖에는 다른 신을 섬기지 아니하며 그에게 절하지 아니한 종들을 구원하셨도다"(단 3:28)라고 고백했다.

참으로 이들은 이방 제국에서 하나님의 소금과 빛이었다. "지혜 있는 자는 궁창의 빛과 같이 빛날 것이요 많은 사람을 옳은 데로 돌아오게 한 자는 별과 같이 영원토록 빛나리라"(단 12:3)는 말씀처럼 이들의 신앙과 결단은 신앙적인 위기 상황에서 성도들이 취해야 할 빛나는 귀감이다.

나는 화장을 싫어했던 적이 있다. 내 몸이 뜨거운 불길 속에 들어가는 것이 싫었기 때문이다. 그런데 인식을 바꾸게 된 사건이 있었다. 2016년 초, 13년간 함께 살던 애완견이 죽었다. 미국에서 강아지 때부터 입양해서 키운 가족 같은 개였다. 그 개를 화장하면서 화장이 시체를 깨끗하게 태워 주는 것이라고 '재해석'하게 되었고 이때부터 화장에 대한 공포가 사라졌다. 내가 죽으면 화장해 달라고 아내에게 부탁할 정도가 되었다. 동일한 공포 대상에 대해서도 새로운 관점으로 해석하면 공포가 사라질 수 있음을 체험했다.

사람은 자신이 늙어 간다는 것을 인식하며 슬퍼하는 존재다.

기력이 쇠잔해지고 병에 취약해지며 시력과 청각이 약해질 때 인간은 죽음이 가까이 왔음을 느끼고 실존적인 불안을 느낀다. 그래서 자신의 신변을 정리하고 유서를 작성하기도 한다. 다가오는 죽음에 대해서 불안을 느끼는 것은 죽음을 준비하는 데 도움이 된다.

그러나 생명의 연수는 하나님께 속했다. 죽음을 미리 앞당겨 염려하거나 준비하는 것은 인간적인 생각일 수 있다. 죽음을 지나치게 불안해하지 않는 것이 지혜로운 모습이다. 우리는 언제든지 죽음이 올 수 있다는 사실을 겸손히 인정하고 준비된 삶을 살아야 한다. 그러나 강박적으로 죽음을 준비하는 것은 불안의 심리에서 나오는 것임을 인식할 필요가 있다.

5 실존적 위기

동물은 음식을 먹어야 살 수 있다. 물을 마셔야 살 수 있다. 인간도 예외가 아니다. 따라서 먹을 것이 떨어질 때 느끼는 불안은 매우 크다.

애굽을 포함하여 각국에 기근이 왔을 때 "각국 백성도 양식을 사려고 애굽으로 들어"왔다(창 41:57). 야곱도 아들들에게 "너희는 어찌하여 서로 바라보고만 있느냐… 그리로 가서 거기서 우리를 위하여 사오라 그러면 우리가 살고 죽지 아니하리라"(창 42:1-2)고 말할 만큼 실존적인 위기감과 불안을 느꼈다.

　야곱에게 이 기근은 오랫동안 죽은 줄로 알고 지내던 요셉과 연결 짓기가 시작되는 계기였다. 만일 기근이 이처럼 심하지 않았다면 야곱은 아들들을 먼 애굽까지 보낼 생각을 하지 않았을 것이다. 인간의 시각으로 볼 때 기근은 불안을 야기하는 위험한 것이지만 하나님의 관점에서 보면 이 기근은 야곱과 야곱의 자녀들과 그의 권속들을 향한 하나님의 섭리적 계획이 이루어지는 계기가 되었다.

　출애굽한 지 한 달이 지났을 때 이스라엘 온 백성이 모세와 아론을 원망하기 시작했다(출 16:1-2 참조). 마실 물로 모세를 원망했던 백성이(출 15:24) 이번에는 양식이 떨어지자 지도자를 원망하기 시작한 것이다. 실존적인 위협 앞에서 두려움을 느낀 까닭이다. 발달심리학자인 에릭 에릭슨(Erik Erikson)은 인간이 '구강기'(oral stage)를 거치면서 '기본적인 신뢰감'(basic trust)을 형성한다고 설명한다. 음식이 입으로 들어갈 때 인간은 주변 환경에 대하여 안전감을 느낀다. 몸에 탄수화물과 같은 화학물질이 부족해지면 초조감, 안절부절못함, 불안감을 실제로 느끼게 된다. 일종의 금단 현상과 같은 반응인 것이다. 늘 공급되던 것, 늘 의존하던 것이 끊기면 불안하고 화가 나며 심지어 원망하게 된다.

　홍해를 건너 광야에 들어선 이스라엘 백성은 먹을 것이 떨어지자 불안을 느꼈고 모세에게 분노했다. 심지어 종살이로 고생은 했지만 먹을 것이 있던 애굽으로 돌아가자고 했다. 의식주가 위협

받을 때 불안을 느끼는 인간의 자연스런 모습이다. 이렇게 불안에 직면했을 때 의식주를 궁극적으로 책임지시고 제공하시는 하나님을 바라보면 믿음이 활성화되고 불안이 감소된다.

이스라엘 백성의 반응은 자연적인 반응을 넘어서지 못하는 것이었다. 영적인 반응을 하기엔 그들의 신앙이 아직 어렸다. 한두 달 전만 해도 그들은 종으로 살던 민족이었다. 신앙적으로도 애굽의 많은 우상들에게 노출된 삶을 살았다.

이들은 열 가지 재앙을 목도하며 홍해를 기적같이 건너는 경험을 했지만 그들의 기본적인 신앙의 틀은 아직 유아기 내지는 유년기 정도의 수준이었던 것이다. 그들은 애굽의 좋았던 시절을 기억해 내고 연결 짓는 미숙함을 보였다: "우리가 애굽 땅에서 고기 가마 곁에 앉아 있던 때와 떡을 배불리 먹던 때에 여호와의 손에 죽었더라면 좋았을 것을 너희가 이 광야로 우리를 인도해 내어 이 온 회중이 주려 죽게 하는도다"(출 16:3). 홍해를 건너고 "주께서 백성을 인도하사 그들을 주의 기업의 산에 심으시리이다"(출 15:17) 하며 노래했던 그들이 한 달도 채 안 돼 이처럼 어리석고 비신앙적인 사고를 하는 '유아적인' 집단으로 돌변한 것이다. 위기가 오기 전에는 신앙적이고 성숙한 것처럼 보였지만 막상 위기가 닥치자 그들의 진면목이 어떠함을 여실히 드러냈다.

하나님은 놀랍게도 기아 상태에서 불안을 느껴 아우성치는 이스라엘 백성의 원망을 들으시고 그들 수준에 맞게 반응하심으로써 그들의 불안을 다독여 주셨다: "내가 이스라엘 자손의 원망함을 들었노라 그들에게 말하여 이르기를 너희가 해 질 때에는 고기를 먹고 아침에는 떡으로 배부르리니 내가 여호와 너희의 하나님인 줄 알리라 하라"(출 16:12).

하나님은 광야에서 매일 아침 만나를 이슬처럼 내려 주셨다. 이 양식은 며칠씩 저장할 수 있는 양식이 아니었다. 모세는 만나를 아침까지 남겨 두지 말라고 명했으나 불순종하여 남겨 둔 사람들이 있었다. 남긴 만나에서는 "벌레가 생기고 냄새"가 났다.

저장하거나 저축하는 것은 미래가 불안하기 때문이다. 이것이 반드시 나쁜 것은 아니다. 오히려 지혜일 때가 많다. 그러나 광야에서 이스라엘 백성이 학습해야 할 것은 그들의 생존은 하늘에서 매일 오는 양식에 의존하는 것이며 "사람이 떡으로만 사는 것이 아니요 여호와의 입에서 나오는 모든 말씀으로 사는"(신 8:3) 것이었다. 벌레가 생기고 냄새가 나는 것을 경험한 후에야 이스라엘 백성은 더 이상 만나를 남겨 두지 않았다. 불순종의 결과를 경험하지 않고도 하나님의 말씀에 순종하는 자가 믿음이 있는 자이며 불안을 처리할 수 있는 자다.

만나가 내린 후 첫 안식일에도 비슷한 광경이 펼쳐졌다. 안식일 전에는 이틀분의 만나를 거두고 안식일에는 쉬라는 명령이 있었음에도 말씀을 따르지 않은 자들이 있었다: "백성 중 어떤 사람들이 거두러 나갔다가 얻지 못하니라"(출 16:27). 이들은 다음 주에 혹시라도 만나가 내리지 않으면 어떡하지 하는 불안 때문에 나갔을 가능성이 크다. 남들은 굶을지라도 자신들은 며칠 더 생존할 수 있는 양식을 쌓아 두고 싶은 마음에서 나갔을 것이다. 이것은 탐욕이자 불순종의 죄였다.

불안하면 탐욕의 죄를 범하기 쉽다. 미래의 삶을 하나님이 인도하실 것이라는 믿음이 부족하면 자신이 미래를 대비하며 쌓아 두려는 욕심을 부리게 된다. 이것은 마치 아기가 엄마의 젖이 부족하거나 수유가 불규칙하면 젖 먹을 기회가 생길 때마다 배가 불러도 더 먹으려고 하는 행동과 같다. 굶게 될 날을 대비하여 저축하려는 것이다. 우리 몸도 일관성 있게 음식을 먹지 않으면 몸 자체가 불안을 느껴서 지방으로 먼저 축적해 두는 시스템이 가동된다. 이것은 결국 자기를 패배시키는 행동이다.

하나님은 그의 자녀들을 결코 굶기지 않으신다. 하나님 나라에 이르기까지 일용할 양식을 신실하게 공급하실 것이다. 따라서 이방인들처럼 "무엇을 먹을까 무엇을 마실까 염려하지" 말아야 한다. 당신은 참새보다 귀하다. "하물며 너희일까 보냐 믿음이 적은 자들아"라고 말씀하시는 예수님의 음성을 들어야 한다. 그래야 땅에 보화를 쌓아 두려는 행동을 내려놓을 수 있다. 이 말이 저축을 하지 말라거나 보험이나 연금을 들지 말라는 말이 아니라는 점을 노파심에 덧붙인다. 극단적인 행동은 신앙적인 것이 아니다.

예수님은 기도를 가르쳐 달라고 하는 제자들의 요청에 따라

주기도를 알려 주셨다. 기도 중에서 "오늘 우리에게 일용할 양식을 주시옵고"(마 6:11)라는 대목에는 우리가 일용할 양식이 필요한 존재임을 잘 아시는 예수님의 마음이 담겨 있다. 일용할 양식으로 인하여 불안해하는 우리가 기도로 표현할 때 '언어를 통한 치료'가 일어나며 불안이 사라진다는 것을 아시기 때문이다. "너를 낮추시며 너를 주리게 하시며 또 너도 알지 못하며 네 조상들도 알지 못하던 만나를 네게 먹이신 것은 사람이 떡으로만 사는 것이 아니요 여호와의 입에서 나오는 모든 말씀으로" 산다는 말씀에서 알 수 있듯이 이 일용할 양식은 육체를 위한 양식뿐 아니라 영혼을 위한 매일의 양식을 포함하는 것이기도 하다. 이 양식은 하나님이 위로부터 주시는 것이다. 육신을 위한 양식도 하나님이 주시는 것임을 하나님의 자녀들은 잘 인식해야 한다. 인간의 노력으로 주어지는 것이 아니라 하나님의 은총으로 주어진 것임을 고백할 때 감사하는 마음이 생기며 불안이 사라질 것이다.

광야에서 40년간 만나를 공급하셨던 하나님이 오늘도 여전히 당신의 식탁에 먹을 것을 공급하시는 분임을 믿을 때 "몸과 영혼을 능히 지옥불에 멸하실 수 있는 하나님을 두려워"하게 된다. 무엇을 먹을까 염려하면 사람을 두려워하게 된다. 직장상사를 두려워하게 된다. 굶을까 봐, 직장을 잃을까 봐 두려워서 신앙을 팔고 영혼을 판다면 그것은 너무나 어리석은 일이다. 오늘날도 그렇게 살아가는 사람들이 적지 않다.

2장과 3장에서 나는 불안과 두려움의 원인을 살펴보고 우리 삶에 적용했다. 다음 장에서는 불안과 두려움의 과정에서 어떤 힘이 작용하는지 살펴볼 것이다. 그리고 불안하고 두려워하면 결과적으로 어떤 행동을 하게 되는지에 대해서도 다룰 것이다.

chapter 4

하나님의 말씀을
순중하지 않는 나

불안과 두려움의 결과 1

　　신앙인의 삶에서 불안과 두려움은 하나님과의 관계에 영향을 끼친다. 불안할수록 하나님을 더 의지하고 찾아야 하는데 보이는 것과 현상적인 것에 눈과 귀가 쏠릴 위험성이 커진다. 하나님의 말씀이 있음에도 불구하고 그 말씀대로 순종하고 살기보다는 자신의 생각과 경험 또는 눈에 보이는 힘 있는 사람들을 의지하려는 인본적인 노력을 강구하기 쉽다. 따라서 자신의 불안과 두려움을 잘 이해하고 대처하지 못하면 믿음으로 행하는 삶을 살기가 어렵다.

　　이 장에서 나는 불안과 두려움이 가져다주는 신앙생활의 증상과 결과를 몇 가지로 규명함으로써 당신에게 도움을 주고자 한다.

1 하나님의 말씀을 가감함

모세는 죽기 전에 이스라엘 백성에게 율법을 다시 강론하면서 "내가 너희에게 명령하는 이 모든 말을 너희는 지켜 행하고 그것에 가감하지 말지니라"(신 12:32)고 경고했다. 하나님의 말씀을 가감하는 것은 심히 두려운 일이다. 이단이 될 수 있기 때문이다. '이단'이라는 말 자체가 끝이 다르다는 뜻을 내포한다. 처음은 같은데 나중에 다른 교훈을 첨가하거나 일부 교훈을 삭제하는 것이 이단의 특징이다.

모세는 "너희 중에 선지자나 꿈꾸는 자가 일어나서 이적과 기사를 네게 보이고 그가 네게 말한 그 이적과 기사가 이루어지고 너희가 알지 못하던 다른 신들을 우리가 따라 섬기자고 말할지라도 너는 그 선지자나 꿈꾸는 자의 말을 청종하지 말라"(신 13:1-3)고 경계했다. 이는 하나님을 배반하며 하나님의 도에서 꾀어 내려는 것이라면서 "그런 선지자나 꿈꾸는 자는 죽이라"(신 13:5)고 명령했다.

하나님과 하나님의 말씀에 대한 지식에서 확고하게 서 있지 못하면 진리에 대해서 불안하게 된다. 이런 자들은 하나님의 말씀에 덧붙이거나 빼는 가르침에 대해서 분별하지 못하고 미혹될 위험성이 높다.

하나님의 말씀을 준행하는 게 부담스러우면 말씀에 '빼기'를 할 가능성이 높다. 불안을 피하기 위해 말씀의 일부를 빼거나 언급하지 않는 것이다. 설교자들이 설교할 때 역전이(countertransference) 역동성으로 자신이 없는 본문에 대해서는 설교하지 않으려는 것도 불안과 관련되었다고 볼 수 있다.

반면에 하나님의 말씀을 혹시라도 잘못 지키거나 빼먹을까 봐 불안한 사람은 하나님의 말씀에 '더하기'를 할 가능성이 크다. 예수님 당시의 바리새인들과 서기관들의 모습이 그러했다. 그들은 강박적으로 율법을 세분화하고 구체화하는 바람에 정작 율법의 정신을 잃어버렸다.

갈라디아 교회에서 생겨난 율법주의자들의 모습도 그렇다고 이해될 수 있다. 그들은 예수 그리스도의 십자가 복음으로만 구원을 얻는다는 진리에 덧붙여 할례를 받아야만 구원을 얻는다고 가르쳤다. 이에 구원에 대해 불안을 느낀 사람들이 할례를 받고자 했다. 바울은 불안을 이용하여 진리를 왜곡하는 자들에게 엄중하게 경고했다: "다른 복음은 없나니 다만 어떤 사람들이 너희를 교란하여 그리스도의 복음을 변하게 하려 함이라 그러나 우리나 혹은 하늘로부터 온 천사라도 우리가 너희에게 전한 복음 외에 다른 복음을 전하면 저주를 받을지어다"(갈 1:7-8). 그리고 율법주의로 말미암아 불안을 느끼고 율법을 지키려고 하는 자들에게 복음 진리의 자유를 강조했다: "그리스도께서 우리를 자유롭게 하려고 자유를 주셨으니 그러므로 굳건하게 서서 다시는 종의 멍에를 메지 말라"(갈 5:1); "율법 안에서 의롭다 함을 얻으려 하는 너희는 그리스도에게서 끊어지고 은혜에서 떨어진 자로다"(갈 5:4); "무릇 육체의 모양을 내려 하는 자들이 억지로 너희에게 할례를 받게 함은 그들이 그리스도의 십자가로 말미암아 박해를 면하려 함뿐이라"(갈 6:12). 갈라디아서 6장 12절에서 당시 할례를 받으려던 자들의 동기가 불안과 두려움과 연결되어 있었음을 알 수 있다. 할례를 받음으로써 유대인들에게서 핍박 받지 않는 표식을 얻으려고 한 것이다. 즉 안전에 대한 욕구로 할례를 받으려 한 이들이 있었음을 보여 준다. 이렇듯 두려움을 극복하지 못하면 진리를 따라 살지 못하게 된다.

2 넓은 길로 감

─────────

예수님은 제자들에게 "좁은 문으로 들어가라 멸망으로 인도하는 문은 크고 그 길이 넓어 그리로 들어가는 자가 많고 생명으로 인도하는 문은 좁고 길이 협착하여 찾는 자가 적음이라"(마 7:13-14)고 말씀하셨다. 이 세상을 살아가는 사람들은 누구나 불안과 씨름한다. 불안을 처리할 수 있는 처세술은 "줄이 긴 쪽에 줄을 서라"는 것이다. 사람들이 많이 선택하는 것을 선택하면 실패할 확률이 줄어들기 때문이다. 현실적으로는 나름대로 지혜로운 방법이 될 수 있다. 심리적으로도 불안을 야기하는 길보다는 불안이 덜하고 안전한 길을 택하는 신경증적인 삶을 살아가는 사람들이 훨씬 더 많다. 정신과 의사 스캇 펙(Scott Peck)이 쓴 책《아직도 가야 할 길》(The Road Less Traveled, 율시리즈 역간)이 시사하듯이 사람들은 덜 가 본 길을 가려고 하지 않는다. 이미 가 본 길, 늘 가던 길, 익숙한 길을 선택하려고 한다. 새로운 길, 경험이 없는 길, 사람들이 잘 가지 않는 길은 불안을 야기하기 때문이다. 실패할 확률이 높기 때문이다. 그래서 모험하기보다는 현실에 안주한다.

상담 및 심리치료의 길도 극히 일부 사람들만 경험하는 길이다. 반드시 상담을 받아야만 하는 사람들도 있지만 상담을 받지 않고도 삶의 불안을 스스로 처리하면서 살아가려는 사람들이 많기 때문이다. 자신의 삶에서 문제가 있다는 사실을 인식하지 못하기 때문에 상담의 필요성조차 인식하지 못하는 사람들이 많다. 상담은 정신적으로 와해된 사람이 받는 것으로 오해한다. 자신은 그런 사람이 아니기 때문에 상담을 받을 필요가 없다고 생각한다. 그러나 상담이나 심리치료는 그런 것이 아니다. 자신의 내면에 문제가 있을 수도 있음을 겸손하게 인정하고 탐색하며 책임과 자유를 자각하고 문제를 적극적으로 해결하는 데 유익할 수 있는 과정이다.

영적으로도 마찬가지다. 예수님의 가르침을 순종하며 제자의 삶을 추구하는 사람들은 매우 적다. 다수의 교인들은 쉬운 신앙생활을 선택한다. 많은 교인들이 그렇게 살기 때문에 불안을 덜 느낀다. 문제의식이 덜 하다. 그러나 많은 사람들이 살아가는 방식이 반드시 진리의 길은 아니다. 예수님의 말씀만이 진리다. 많은 사람들이 가는 길이라고 쉽게 들어섰다가는 멸망의 길로 갈 가능성이 높다.

3 표징을 구함

사사시대 미디안의 압정을 받던 시절, 므낫세 지파 사람 기드
온에게 여호와의 사자가 찾아와 사명을 주었을 때 그는 매우 주저
했다: "오 주여 내가 무엇으로 이스라엘을 구원하리이까 보소서 나
의 집은 므낫세 중에 극히 약하고 나는 내 아버지 집에서 가장 작은
자니이다"(삿 6:15). 하나님은 그에게 함께하실 것을 약속하시며 "네
가 미디안 사람 치기를 한 사람을 치듯 하리라"(삿 6:16)고 약속하셨
다. 그러나 기드온은 확신하지 못하고 불안했다. 그는 "나와 말씀하
신 이가 주 되시는 표징(sign)을 내게 보이소서"(삿 6:17)라고 말했고,
여호와의 사자는 지팡이 끝을 기드온이 가져온 고기와 무교병에 대
어 바위에서 불이 나와 고기와 무교병을 불사르는 표징을 보여 주
었다(삿 6:21).

기드온은 "네 아버지에게 있는 바알의 제단을 헐며 그 곁의 아
세라 상을 찍"(삿 6:25)으라는 여호와의 명에 순종했으나, "그의 아버
지의 가문과 그 성읍 사람들을 두려워하므로 이 일을 감히 낮에 행
하지 못하고 밤에 행하"였다(삿 6:27). 완전하지는 않았지만 하나님
의 표징을 통해 그가 가진 불안을 어느 정도 다독임으로써 하나님

의 말씀에 순종할 수 있었다는 점에서 표징은 불안을 감소시키는 역할을 했다고 볼 수 있다.

이어지는 미디안과의 싸움을 앞두고 기드온은 다시 하나님께 표징을 구했다. 유명한 양털 표징이다. 그는 "주께서 이미 말씀하심 같이 내 손으로 이스라엘을 구원하시려거든 보소서 내가 양털 한 뭉치를 타작 마당에 두리니 만일 이슬이 양털에만 있고 주변 땅은 마르면 주께서 이미 말씀하심 같이 내 손으로 이스라엘을 구원하실 줄을 내가 알겠나이다"(삿 6:36-37)라고 기도했고 하나님은 응답해 주셨다. 그가 이튿날 다시 한 번 더 "주여 내게 노하지 마옵소서 내가 이번만 말하리이다 구하옵나니 내게 이번만 양털로 시험하게 하소서 원하건대 양털만 마르고 그 주변 땅에는 다 이슬이 있게 하옵소서"(삿 6:39)라고 표징을 구했을 때 하나님은 기드온의 불신앙을 탓하지 않고 "그 밤에 하나님이 그대로 행하시"(삿 6:40)며 불안을 감소시켜 주셨다.

하나님은 군사 300명으로 미디안과의 싸움을 준비하며 불안해하는 기드온에게 구하지 않은 표징까지 보여 주셨다. 미디안 진영의 어떤 사람이 친구에게 꿈 이야기를 하는 것과 들은 친구가 해몽하는 것을 듣게 하셨다: "이는 다른 것이 아니라 이스라엘 사람 요아스의 아들 기드온의 칼이라 하나님이 미디안과 그 모든 진영을 그의 손에 넘겨 주셨느니라"(삿 7:14). 기드온은 "그 꿈과 해몽하는 말을 듣고 경배"(삿 7:15)하였다.

"이 눈에 아무 증거 아니 뵈어도 믿음만을 가지고서 늘 걸으며"라는 찬송 가사처럼 당신도 삶이 불안할 때 표징을 구하고 싶을 것이다. 그러나 표징이 없어도 하나님이 살아 계시며 당신과 동행하신다는 사실을 믿으면 당신은 복된 자다.

4 우상을 만듦

시내 산에 올라간 모세가 소식이 없자 이스라엘 백성은 아론에게 "일어나라 우리를 위하여 우리를 인도할 신을 만들라"고 요구했다(출 32:1). 눈에 보이던 모세가 장기간 보이지 않자 백성의 불안이 점점 커졌다. 그들은 십계명을 이미 받았으며 "여호와의 모든 말씀을 우리가 준행하리이다"(출 24:7)라고 약속했음에도 불구하고 그 약속을 잊어버리고 "신을 만들라"고 요구했다. 불안에 휩싸이자 이스라엘 백성이 어리석게 된 것이다. 모세를 대신해 책임과 권위를 위임 받은 아론조차 이 불안한 상황에 '순응'하는 태도를 취했다. 출애굽기 기자는 "아론이 그들의 손에서 금 고리를 받아 부어서 조각칼로 새겨 송아지 형상을 만드니"(출 32:4)라면서 아론에게 일차적인 책임이 있음을 지적하고 있다. 아론의 불안 대처 방식은 모세와 달리 인본적이며 미성숙했다.

백성은 송아지 우상을 향하여 "이스라엘아 이는 너희를 애굽 땅에서 인도하여 낸 너희의 신이로다"(출 32:4) 하고 외쳤다. 그들은 여호와를 눈에 보이는 형상으로 이미지화함으로써 자신들의 불안을 다독이고자 했던 것이다. 그들은 어리석게도 그 우상 앞에서 참된 불안과 두려움조차 느끼지 못했다. "번제를 드리며 화목제를 드리고… 앉아서 먹고 마시며 일어나서 뛰놀"(출 32:6)았다. 그들이 하나님 앞에서 진정한 두려움을 느꼈다면 먹고 마시고 뛰놀 수 없었을 것이다.

사람은 눈에 보이는 것과 귀에 들리는 것에 의해 불안을 다독일 때가 많다. 그래서 불안할 때 믿을 만한 사람을 찾아서 그로부터 안심하는 말을 듣고 싶어 한다. 불자들은 입시철이 되면 자녀의 합격을 위해 불상 앞에 가서 절하며 기도한다. 눈에 보이는 어떤 의식(ritual)을 할 때 불안이 다독여진다는 점에서 이와 같은 종교 행위는 '강박적'인 행동과 같다. 이런 행동을 따라 하는 그리스도인도 있다. 그러나 이는 자신이 믿는 하나님에 대한 정확한 지식이 없음을 드러내는 모습이다. 그리스도인은 유일한 진리이신 예수 그리스도가 누구시며 무엇을 하셨으며 무엇을 하실 것인지에 대한 지식을 소유한 자들이다. 이 지식과 진리가 불안에서 자유하게 한다. 따라서 참된 그리스도인은 스스로 만들어 낸 틀이나 눈에 보이는 어떤 대상이나 방법으로 불안을 다독이려고 하지 않는다. 우상화하는 것 자체가 하나님 앞에서 참으로 두려운 일이기 때문이다.

여호와의 종교를 제외한 모든 종교는 불안을 다스리기 위해

신을 만들고 인간을 신격화한다. 그러나 기독교는 인간이 신을 만드는 종교가 아니다. 하나님이 인간을 창조하셨다는 세계관을 선포하는 종교다.

현세에서 평안하게 살기 위해 불안을 다독여 주는 종교는 공산주의자들의 말처럼 아편과 같다. 이스라엘 백성이 금송아지 우상을 만들어 하나님께 제사한 행위는 하나님을 위한 것이 아니었다. 하나님이 모세에게 표현한 것처럼 '자기를 위하여' 송아지를 만들고 예배한 것일 뿐이다. 인본주의적인 종교는 불안을 다독이는 데 효과가 있다. 그러나 신본주의적인 기독교는 목적이 인간의 불안을 다독여주는 데 있지 않다. 보이지 않는 하나님에게 시선을 고정하고 그분을 예배할 때 믿음으로 불안을 극복하고 대처할 수 있는 지혜와 능력을 얻는다는 사실을 믿는 종교다.

르호보암이 왕이 되었을 때 하나님의 징계로 왕국이 남북으로 분열되었다. 남쪽에는 유다와 베냐민 지파만 남고 북쪽에 열 지파가 여로보암을 왕으로 세웠다. 북이스라엘은 정치적으로나 군사적으로 훨씬 우세한 입장에 있었다. 그러나 문제는 여로보암의 '예루살렘 성전 콤플렉스'였다. 그는 매년 절기에 북이스라엘 백성이 예루살렘으로 제사하러 이동하는 과정에서 민심이 이반될 것을 두려워했다. 그는 "나라가 이제 다윗의 집으로 돌아가리로다"(왕상 12:26)라고 생각했다. "만일 이 백성이 예루살렘에 있는 여호와의 성전에 제사를 드리고자 하여 올라가면 이 백성의 마음이 유다 왕 된 그들의 주 르호보암에게로 돌아가서 나를 죽이고 유다의 왕 르호보암에게로 돌아가리로다"(왕상 12:27)라며 두려워했다. 그래서 남쪽 벧엘과 북쪽 단에 산당을 짓고 금송아지 두 개를 만들어 그곳에 두었다. 그러고는 백성에게 "너희가 다시는 예루살렘에 올라갈 것이 없도다 이스라엘아 이는 너희를 애굽 땅에서 인도하여 올린 너희의 신들이라"(왕상 12:28)고 미혹했다. 더 나아가 레위 자손이 아닌 보통 백성을 제사장으로 삼고 "여덟째 달 곧 그 달 열다섯째 날로 절기를 정하여 유다의 절기와 비슷하게"(왕상 12:31-32) 하는 유사 여호와 종교를 만들었다. 열왕기 기자는 "그가 자기 마음대로 정한 달"이라고 기록했다(왕상 12:33). 즉 하나님이 명령한 방식이 아니라 여로보암 왕 자신의 불안으로 만들어 낸 유사 종교였던 것이다. 이 유사 종교의 의식과 내용은 북이스라엘 왕국이 멸망할 때까지 약간의 변형과 변화가 있었지만 꾸준하게 이어졌다. 이 우상 숭배이자 영적 음행이 북이스라엘의 심판과 패망을 자초한 핵심 문제였다.

여로보암 왕처럼 우상 숭배의 시작은 한 개인의 불안에서부터 시작될 수 있다. 탐심을 우상 숭배라고 규명한 사도 바울의 지적은 이 점에서 통찰력이 있다(골 3:5). 탐욕이 불안에서 시작되기 때문이다. 안전과 안정의 욕구를 채우기 위해서 모으고 저장하고 쌓는 것이다. 탐심을 가진 자는 아무리 많이 가져도 자족할 줄 모른다. 더 있어야 안전할 것이라고 생각하기 때문이다.

그러나 우상 숭배는 결코 인간에게 진정한 평안을 가져다주지 못한다. 일시적인 안정과 평안을 제공하지만 장기적으로는 더 큰 불안과 더 큰 갈망을 갖게 하는 중독을 가져온다.

이사야는 우상의 실체에 대해서 다음과 같이 고발했다: "보라 그들은 다 헛되며(all false) 그들의 행사는 허무하며 그들이 부어 만든 우상들은 바람이요 공허한 것뿐이니라"(사 41:29). 42장에서는 "조각한 우상을 의지하며 부어 만든 우상을 향하여 너희는 우리의 신이라 하는 자는 물리침을 받아 크게 수치를 당하리라"(17절)고 우상의 실체를 폭로했다. 그는 우상을 만들거나 우상을 섬기는 자들의 마음 상태를 다음과 같이 진단했다: "그들이 알지도 못하고 깨닫지도 못함은 그들의 눈이 가려서 보지 못하며 그들의 마음이 어두워져서 깨닫지 못함이니라 마음에 생각도 없고 지식도 없고 총명도 없으므로"(사 44:18-19); "나무 우상을 가지고 다니며 구원하지 못하는 신에게 기도하는 자들은 무지한 자들이니라"(사 45:20).

이사야는 우상을 싣고 다니던 짐승들이 고생하는 모습을 다음과 같이 고발했다: "벨은 엎드러졌고 느보는 구부러졌도다 그들의 우상들은 짐승과 가축에게 실렸으니 너희가 떠메고 다니던 그것들이 피곤한 짐승의 무거운 짐이 되었도다"(사 46:1); "그것을 들어 어깨에 메어다가 그의 처소에 두면 그것이 서 있고 거기에서 능히 움직이지 못하며 그에게 부르짖어도 능히 응답하지 못하며 고난에서 구하여 내지도 못하느니라"(사 46:7).

불안과 두려움 때문에 우상을 만들고 신격화해서 경외하며 두려워하는 인간은 참으로 어리석다. 자신이 만든 물건에 힘이 있을 것으로 생각하고 빌고 예배하는 것은 프로이트가 말한 것처럼 신경증적인 불안을 처리하기 위해 신을 창조한 셈이 된다.

무지(ignorance)와 미신(superstition)은 종교개혁자들이 당시의 로마 가톨릭교회와 싸웠던 주요한 영역이었다. 당시 가톨릭교회와 신부들은 성경에 대해 무지했고 하나님에 대해서는 미신적이어서 스스로 의식들을 만들어 행하고 있었다. 무지와 미신은 종교적 암흑기라고 불리는 후기 중세 시대의 특징이기도 했다. 죽은 자의 영혼 구원에 대해 불안을 느끼는 사람들을 위해 연옥이라는 개념이 생겼다. 인간의 선행이나 기부로 구원을 얻을 수 있다고 가르친 것은 기독교 복음에 대해 무지했기 때문이다. 가르치는 자도 배우는 자들도 모두 무지했다. 미신적인 행동을 반복하는 행위도 무지의 결과다.

5   미신적이 됨

블레셋과의 전쟁에서 패했을 때 이스라엘 장로들은 올바른 신앙적 질문을 던졌다: "여호와께서 어찌하여 우리에게 오늘 블레셋 사람들 앞에 패하게 하셨는고"(삼상 4:3). 그들은 그 질문과 씨름하며 하나님께 아뢰어야 했다. 그러나 그들은 자기들의 소견에 옳은 대로 방안을 구했다. 그것은 바로 "여호와의 언약궤를 실로에서 우리에게로 가져다가 우리 중에 있게 하여 그것으로 우리를 우리 원수들의 손에서 구원하게 하자"(삼상 4:3)는 것이었다. 하나님이 구원하셔야 한다고 생각하지 못하고 하나님의 임재를 표상하는 언약궤가 '자동적으로', '주술적으로' 어떤 기적적인 능력을 행사할 것이라고 잘못 생각한 것이다. 그들은 불안한 상황에서 어떤 종교적 행위를 하면 자기들이 원하는 결과가 나타날 것이라고 생각했다. 이것은 일종의 강박증이지 진정한 종교 행위가 아니다.

언약궤가 이스라엘의 진영에 들어오자 백성이 큰 소리로 환호해서 땅이 울릴 정도였다(삼상 4:5). 블레셋 사람들은 이 환호성을 듣고 두려워하여 "신이 진영에 이르렀도다… 우리에게 화로다 전날에는 이런 일이 없었도다 우리에게 화로다 누가 우리를 이 능한 신들의 손에서 건지리요 그들은 광야에서 여러 가지 재앙으로 애굽인을 친 신들이니라"(삼상 4:7-8) 하며 그들의 두려움을 표현했다. 그러나 실제 전투가 벌어졌을 때 이스라엘은 패하여 보병만 3만 명이 죽고 여호와의 궤는 빼앗겼으며 두 제사장 홉니와 비느하스는 죽임을 당했다(삼상 4:10-11). 결과적으로 여호와의 궤는 전쟁의 승패에 아무런 영향도 행사하지 않은 것이다. 중요한 것은 하나님의 임재이지 언약궤 자체에 능력이 있는 것이 아니다. 하나님이 떠나신 언약궤는 궤짝에 불과하다.

이런 강박적인 행동은 사울 왕에게서 반복되었다. 그는 블레셋과의 전쟁을 앞두고 사무엘이 약속한 기한대로 오지 않고 백성이 흩어지는 것을 보자 불안을 느꼈다(삼상 13:8). 그래서 그는 자신이 직접 번제를 드렸다. 번제를 드리고 전쟁에 나가야 승리할 수 있다고 생각했기 때문이다. 문제는 왕이 번제를 직접 드릴 수 없다는 것이었다. 그는 "내가 여호와께 은혜를 간구하지 못하였다 하고 부득이하여 번제를 드렸나이다"(삼상 13:12)라고 변명했다. 사무엘은 이때 왕에게 "왕이 망령되이 행하였도다 왕이 왕의 하나님 여호와께서 왕에게 내리신 명령을 지키지 아니하였도다 그리하였더라면 여호와께서 이스라엘 위에 왕의 나라를 영원히 세우셨을 것이거늘"(삼상 13:13)이라고 사울의 불신앙을 책망했다. 사울은 눈에 보이지 않는 하나님이 아니라 눈에 보이는 백성이 흩어지는 것을 '보고' 불안해했다. 그래서 그는 강박적으로 자신이 제사를 드리는 불순종을 범한 것이다.

사무엘이 죽은 후에 블레셋과 전쟁이 벌어졌을 때 사울 왕은 블레셋 "군대를 보고 두려워서 그의 마음이 크게 떨린"(삼상 28:5) 상태에 있었다. 하나님께 물었지만 "꿈으로도, 우림으로도, 선지자로도 그에게 대답하지 아니"(삼상 28:6)하셨다. 이때 사울은 신접한 여인을 찾아가 죽은 사무엘을 찾았다. "네가 어찌하여 나를 불려 올려서 나를 성가시게 하느냐"고 묻는 사무엘에게 사울 왕은 "나는 심히 다급하니이다(I am in great distress)… 하나님은 나를 떠나서 다시는 선지자로도, 꿈으로도 내게 대답하지 아니하시기로 내가 행할 일을 알아보려고 당신을 불러 올렸나이다"(삼상 28:15)라고 대답했다. 그의 대답에서 심각한 수준의 불안을 느낄 수 있다. 신접한 자를 찾는 것은 율법이 금지한 일이었으며 사울 왕 자신도 "신접한 자와 박수를 그 땅에서 쫓아내"(삼상 28:3)는 모범을 보였지만 다급하자 결국 신접한 자의 도움을 받는 주술적 행동을 했다.

이사야는 바벨론의 멸망이 하루아침에 임할 것을 예언하면서 그들에게 주문과 주술 활동이 많았음을 시사했다: "네가 무수한 주술과 많은 주문을 빌릴지라도 이 일이 온전히 네게 임하리라"(사 47:9); "이제 너는 젊어서부터 힘쓰던 주문과 많은 주술을 가지고 맞서 보라 혹시 유익을 얻을 수 있을는지, 혹시 놀라게 할 수 있을는지, 네가 많은 계략으로 말미암아 피곤하게 되었도다 하늘을 살피는 자와 별을 보는 자와 초하룻날에 예고하는 자들에게 일어나 네게 임할 그 일에서 너를 구원하게 하여 보라"(사 47:12-13). 주문과 주술 또는 부적은 불안을 처리하는 신경증적인 방법에 지나지 않는다. 그것들은 아무런 능력이 없다. 단지 일시적으로 심리적 안정을 유지하는 데 도움이 될 뿐이다. 어떤 능력이 있을 것이라고 믿기 때문에 내면에 있는 불안을 다독일 수 있을 뿐이다.

선지자 엘리야는 갈멜 산으로 바알의 선지자 450명을 불러 제물에 불을 붙이지 않고 각자의 신을 불렀을 때 불로 응답하는 신이 참 신이 될 것이라는 영적 승부수를 던졌다(왕상 18:23-24). 바알의 선지자들이 먼저 바알에게 기도했는데 아침부터 낮까지 "바알이여 우리에게 응답하소서"(왕상 18:26)라고 부르짖었지만 "아무 소리도 없고 아무 응답하는 자도 없으므로 그들이 그 쌓은 제단 주위에서 뛰놀"(왕상 18:26)았다. 정오에 이르러 엘리야가 그들을 조롱하자 "그들이 큰 소리로 부르고 그들의 규례를 따라 피가 흐르기까지 칼과 창으로 그들의 몸을 상하게"(왕상 18:28) 했다. 심지어 그들은 "미친 듯이 떠들"(왕상 18:29)었지만 아무런 변화도 일어나지 않았다.

이스라엘의 온 백성이 지켜보는 가운데 그들의 바알 신이 아무런 능력을 보이지 못한 일은 바알 선지자들로서는 엄청난 불안과 수치심을 느끼게 했다. 아무리 큰 소리로 부르짖고 자기 몸을 자학해도 목석에 지나지 않는 바알 신은 반응도 할 수 없고 생명도 없으며 단지 무능력한 우상에 지나지 않았음이 드러났다. 그들에게는 이제 '엘리야의 하나님이 정말 불로 반응하면 어떡하지' 하는 불안감이 엄습했을 것이다. 그리고 마침내 엘리야의 승리로 종결되고 아합 왕조차 그들의 보호막이 되지 못하자, 그들은 목숨을 잃는 공포에 빠져야 했다.

북이스라엘의 왕 아합이 하나님의 말씀대로 아람과의 전쟁에서 비참하게 죽었음에도 불구하고 그의 아들 아하시야는 여전히 "바알을 섬겨 그에게 예배하여 이스라엘의 하나님 여호와를 노하시게 하기를 그의 아버지의 온갖 행위같이"(왕상 22:53) 하는 영적 어리석음에 빠져 있었다. 즉위한 지 2년이 채 안 되었을 때 그는 예기치 않은 위기를 만났다. 그가 다락 난간에서 추락해서 부상을 입은 것이다. 이때 그는 안타깝게도 신하들을 시켜 "가서 에그론의 신 바알세붑에게 이 병이 낫겠나 물어보라"고 지시했다(왕하 1:2). 이 사건은 아합이 하나님께 돌아올 수 있는 좋은 기회였지만 그는 그 불안이 가져다주는 사건을 제대로 해석할 수 있는 영적 지혜가 없었다. 단지 그의 개인적인 불안을 회피하기 위해 미신적인 행위에 의존하려고 했다. 이때 엘리야가 나타나 왕에게 그의 악함과 어리석음에 대해 직언했다. 아하시야의 신하들에게 "이스라엘에 하나님이 없어서 너희가 에그론의 신 바알세붑에게 물으러 가느냐 그러므로 여호와의 말씀이 네가 올라간 침상에서 내려오지 못할지라 네가 반드시 죽으리라"(왕하 1:3-4)고 선포한 것이다.

과학이 발달한 오늘날에도 운세를 보고 부적을 사용하며 점을 치고 굿을 하는 이들이 여전히 많다. 선거철이 되면 후보자들이 점집을 드나들며 당선 여부를 자문한다. 조상의 묘를 옮기라는 조언까지 받아들여 야단법석을 떤다. 모두 사람들의 불안한 심리를 이용하는 헛된 악습이다.

혹시 당신은 그리스도인이면서도 미신적인 행동을 하는가? 궁합을 보거나 길일과 흉일을 따져서 중요한 결정을 하는가? 점집에 가서 당신의 올해 운수를 묻거나 부적을 사용하는가? 사소한 위기에도 기독교 신앙을 가장한 소위 '영적 리더'에게 '기도를 받으러' 가는가? 천지만물을 주관하시는 하나님께 당신의 불안과 두려움을 모두 맡기라. 미신적인 행동을 계속하는 것은 하나님을 안타깝게 하며 진노하게 하는 일이다.

6 인본적인 방법에 의존함

죄를 범한 아담과 하와가 수치심을 느껴 잠정적으로 만든 것이 무화과 나뭇잎을 엮은 치마였다. 무화과 나뭇잎으로 만든 옷은 하루도 채 버티기 힘들다. 반복적으로 새로 만들어 입어야 한다. 이 옷은 수치심에서 생기는 불안에 대처하는 방어 기제로서 '방어 기제의 잠정적인 유용성'을 상징한다. 무화과 나뭇잎으로 만들어진 옷이라도 입고 있으면 수치심이 가려지기 때문에 아담과 하와는 일시적으로 불안과 긴장이 줄어들었을 것이다. 그러나 이 무화과 나뭇잎으로는 진정한 의미에서 수치심이나 불안을 해결할 수 없다. 그것은 장기적이며 근본적인 해결책이 될 수 없다.

죄책감도 방어 기제를 사용해 일시적으로 잠재울 수 있으며 어느 기간까지는 억압해 둠으로써 죄책감으로 인한 불안을 느끼지 않을 수 있다. 그러나 방어 기제에 의존하는 식의 대처 방안은 오래가지 못한다. 방어 기제가 기능을 다하면 증상이 드러나게 된다. 이 증상은 보다 근본적인 치료책을 강구하도록 촉구하는 '상징'(symbols)이다.

하나님이 "아담과 그의 아내를 위하여" 지어 입히신 가죽옷은 장기적이며 근본적인 해결 방안을 상징한다. 가죽옷은 말라 버리거나 부서질 염려가 없는 옷이다. 하나님은 수치심과 죄책감에 대하여 근본적인 해결책을 마련하셨다. 이것이 은혜다. 인간의 힘으로 해결하려는 시도는 일시적으로는 효과적일 수 있다. 그러나 근본적인 문제 해결은 하나님에게서 온다. 실존적인 불안은 어떤 세상적인 방법으로도 해결할 수 없다. 죽음의 공포를 해결할 수 있는 유일한 방법은 사망의 권세를 깨뜨리고 부활하신 예수 그리스도를 통해서 영생의 복을 받는 것이다. 유월절 어린 양이 되어 친히 세상 죄를 지고 산 제물이 되신 예수 그리스도로 '새 자기'의 옷을 날마다 입는 자는 근본적인 불안에서 자유로울 수 있다. 그렇게 하기 위해서는 날마다 인본적인 '옛 자기'의 옷을 벗어야 한다. 통제권을 내려놓아야 한다. 자신이 스스로 불안을 해결할 수 있다는 생각을 포기해야 한다.

하나님이 "주께서 내게 씨를 주지 아니하셨으니 내 집에서 길린 자가 내 상속자가 될 것이니이다"(창 15:3)라고 말하는 아브라함에게 "그 사람이 네 상속자가 아니라 네 몸에서 날 자가 네 상속자가 되리라"(창 15:4)고 분명히 약속해 주셨음에도 불구하고 사라는 나이가 들자 자신을 통해 상속자를 낳을 수 없다고 생각했다. 그래서 그녀는 아브라함에게 "여호와께서 내 출산을 허락하지 아니하셨으니 원하건대 내 여종에게 들어가라 내가 혹 그로 말미암아 자녀를 얻을까 하노라"(창 16:2)고 말했고 아브라함은 아내의 "말을 들"었다. 그들은 여종을 통해서라도 아들을 얻을 수 있다면 "네 몸에서 날 자"가 될 수 있을 것이라고 '합리화'했을 것이다. 사라의 생각은 여전히 인본적인 것이었다. 하나님의 약속을 믿고 기다렸지만 그 약속이 빨리 이루어지지 않자 그녀는 불안을 강하게 느꼈다. 그래서 그녀는 자신이 통제할 수 있는 방식으로 전략을 구상했다. 바로 애굽 사람인 여종 하갈을 씨받이 여인으로 삼는 것이었다.

사라의 말을 듣는 아브라함의 모습은 마치 하와의 말을 듣는 아담의 모습과 닮았다. 하나님의 말씀을 일부 왜곡해서 "죽을까 하노라"로 바꾸었던 하와처럼 사라는 하갈을 통해서도 하나님의 약속을 "이룰 수 있지 않을까" 생각하면서 인본적인 방법을 사용했다. 불안과 불신앙 때문에 하나님의 약속을 끝까지 믿고 순종하지 못했다. 아브라함도 이 시험에서 불합격하고 말았다.

불안하면 믿음대로 살기 어렵다. 불안하면 인간은 자신의 생각을 의지하며 눈에 보이는 사람들을 의지하려고 한다. 이것은 인본적인 방식이며 세상적인 방식이다. 이렇게 하면 보이는 결과가 있을지라도 장기적으로는 마이너스다. 당장에는 불안하고 손해가 되더라도 하나님의 약속을 바라보고 인내할 때 궁극적으로 불안을 극복할 수 있다.

사라의 인본적인 불안 대처 전략은 우선은 원하던 결과를 가져왔다. "아브람이 하갈과 동침하였더니 하갈이 임신"(창 16:4)했던 것이다. 그러나 사라는 자신이 미처 예상하지 못했던 더 큰 불안과 갈등을 겪어야 했다. "하갈이 임신하매 그가 자기의 임신함을 알고 그의 여주인을 멸시"(창 16:4)했기 때문이다. 하갈 때문에 아브라함과 사라 사이에 틈이 생기게 되었다. 사라는 자신의 잘못된 판단을 하나님 앞에서 시인하고 회개하기보다는 "내가 받는 모욕은 당신이 받아야 옳도다"(창 16:5)라고 남편을 탓하며 투사하는 행동을 보였다. 그리고 "당신과 나 사이에 여호와께서 판단하시기를 원하노라"(창 16:5)고 자신의 의로움을 항변했다.

인간적인 관점에서 본다면, 여주인으로서 남편에게 여종의 행동에 대해 표현할 수 있는 말이며 그 심정을 충분히 이해할 수 있다. 그러나 신앙적인 관점에서 본다면 사라는 자신에게 큰 책임이 있음을 인정하는 성숙함이 필요했다. 하나님 앞에서 자신의 불신앙을 회개하며 인정하는 자세가 필요했던 것이다.

야곱은 밤새 천사와 씨름하고 축복을 받음으로써 형 에서를 만나는 데 큰 힘을 얻었음에도 불구하고 불안한 상황에서는 그가 사용해 오던 통제 방식을 사용했다. 자신에게 중요한 사람들 순위로 전열을 배치한 것이다. "여종들과 그들의 자식들은 앞에 두고 레아와 그의 자식들은 다음에 두고 라헬과 요셉은 뒤에 두고" 자기는 앞에 나아가 몸을 일곱 번 땅에 엎드려 절하는 최대한의 공손함과 예우를 형 에서에게 표하였다(창 33:2-3). 만약의 사태에 대비하는 야곱의 치밀함을 엿볼 수 있는 동시에 야곱이 여전히 두려움을 느꼈음을 알 수 있다. 인간적으로 생각할 때 야곱의 행동은 지혜롭다고 평가할 수 있다. 그러나 신앙적으로 볼 때 야곱이 하나님의 축복과 약속을 믿고 형 에서와 직면했더라면 아내들과 자식들이 상처를 입지 않았을 것이다.

이때 여종들과 레아는 차별을 느꼈을 테고 라헬은 특권의식을 가졌을 것이다. 자녀들도 동일한 감정을 느꼈을 것이다. 야곱의 무언의 행동에서 같은 아버지의 자식이라도 종에게서 나거나 덜 사랑하는 아내에게서 났기에 차별을 받는다고 느꼈을 것이다.

하나님은 이스라엘 백성에게 가나안 땅에서 "아모리 사람과 가나안 사람과 헷 사람과 브리스 사람과 히위 사람과 여부스 사람을 쫓아"내며 "스스로 삼가 네가 들어가는 땅의 주민과 언약을 세우지 말라 그것이 너희에게 올무가 될까 하노라"(출 34:11, 12)고 말씀하셨다. 그리고 그 이유를 아울러 설명해 주셨다: "그들이 모든 신을 음란하게 섬기며 그들의 신들에게 제물을 드리고 너를 청하면 네가 그 제물을 먹을까 함이며 또 네가 그들의 딸들을 네 아들들의 아내로 삼음으로 그들의 딸들이 그들의 신들을 음란하게 섬기며 네 아들에게 그들의 신들을 음란하게 섬기게 할까 함이니라"(출 34:15-16).

그러나 이스라엘 백성은 하나님의 이와 같은 경고에도 불구하고 가나안 백성과 긴장 관계를 맺지 않기 위해 손쉬운 방법을 사용했다. 여호수아가 죽고 난 후에 그들은 오래가지 않아 가나안 사람들과 화친하고 우상 숭배에 빠지기 시작했다. 그렇게 대처한 방식이 익숙한 불안 대처 방식이 되었다. 멸망할 때까지 수백 년 동안 이스라엘과 유다는 화친하며 동맹하는 방법으로 그들의 불안과 두려움을 처리했다. 이집트와 앗수르와 동맹했고 바벨론과 화친했으나 결국 그들에게 배신을 당했고 멸망당했다.

이스라엘의 핵심 문제 중의 하나는 불안에 대처하는 방식이 하나님을 통한 방식이 아니라는 점이었다. 그들은 자기의 능력을 의존했으며 "용사의 많음을 의뢰"하였다(호 10:13).

화친 조약은 세상적으로나 잠정적으로는 유익하다. 그러나 이방 나라와 화친함은 하나님의 말씀에는 불순종하는 것이다. 스스로 저수지를 파려는 행동이다. 터진 웅덩이를 판 것이다(렘 2:13). 솔로몬은 왕이 된 뒤 애굽 왕 바로의 딸과 결혼함으로써 화친 관계를 맺었다(왕상 3:1). 그의 이 같은 정책은 유다 왕국이 대외 정책을 펼 때 인본적인 방법을 취하는 물꼬 역할을 했다.

세상과 멍에를 같이하는 것은 현실적으로는 불안을 일시적으로 해결하는 방법이 될 수 있다. 그러나 이는 하나님과 관계가 멀어지는 것이며 영적으로 멸망의 길에 들어서는 어리석은 방법이다.

학개 선지자는 바벨론 포로에서 귀환한 유다 백성이 성전 재건축에 착수하는 우선적인 사명 대신에 개인적인 삶의 유지에 관심을 쏟았던 것이 오히려 그들 삶이 어려워진 원인이라고 진단했다: "너희가 많이 뿌릴지라도 수확이 적으며 먹을지라도 배부르지 못하며 마실지라도 흡족하지 못하며 입어도 따뜻하지 못하며 일꾼이 삯을 받아도 그것을 구멍 뚫어진 전대에 넣음이 되느니라"(학 1:6). 이 결과의 원인에 대해서 하나님은 다음과 같이 알려 주셨다: "이것이 무슨 까닭이냐 내 집은 황폐하였으되 너희는 각각 자기의 집을 짓기 위하여 빨랐음이라"(학 1:9). 학개서를 통해서 볼 때 인간이 '먹는'

실존의 이슈를 궁극적으로 해결하는 일은 인간의 능력과 노력에 달려 있는 것이 아님을 알 수 있다. 하나님을 섬기며 하나님을 기쁘시게 하는 일을 우선시할 때, 즉 "먼저 그의 나라와 그의 의를 구하라"는 말씀에 순종할 때 "이 모든 것을 너희에게 더하시리라"는 말씀대로 염려 없이 '먹고' 살 수 있게 될 것이다.

인본적인 사람은 불안할 때 자신이 상황을 통제하려고 한다. 그러나 이것은 결코 장기적인 해결책이 될 수 없다. 신본적인 사람은 자기 삶의 통제권을 하나님께 위임한다. 하나님의 주권과 처분을 인정하고 말씀에 순종하는 삶을 선택한다. 이것이 지혜로운 선택이다. 유다는 국가적으로 불안정한 상황에 빠졌을 때 하나님께 회개하며 하나님의 처분을 바라는 선택을 하지 않았다. 대신 눈에 보이는 우방 국가들을 의존하려고 했다. 그래서 그들의 문화를 받아들였고 심지어 우상들까지 수입하여 섬겼다.

'확인 강박'으로 힘들어하는 사람들이 있다. 매사에 의식화된 (ritualized) 방법으로 확인을 해야만 안심하는 이들이다. 이들은 눈으로 확인해야 불안이 줄어든다. 예수님의 제자 도마는 다른 제자들이 다 주님을 만났다고 말해도 믿지 않았다. 자기 눈으로 직접 확인하고 나서 믿겠다고 말했다: "내가 그의 손의 못 자국을 보며 내 손가락을 그 못 자국에 넣으며 내 손을 그 옆구리에 넣어 보지 않고는 믿지 아니하겠노라"(요 20:25). 예수님은 도마를 포함한 제자들이 모였을 때 나타나셔서 도마에게 "네 손가락을 이리 내밀어 내 손을 보고 네 손을 내밀어 내 옆구리에 넣어 보라 그리하여 믿음 없는 자가 되지 말고 믿는 자가 되라"(요 20:27)고 말씀하셨다. 예수님은 "보지 못하고 믿는 자들은 복되도다"(요 20:29)라고 아울러 말씀하셨다.

그리스도인들은 보는 것, 듣는 것, 만지는 것으로 믿는 자들이 아니다. 사실 현상적으로 경험하는 것조차도 실제가 아닐 수 있다. 환각 상태에서 경험하는 것은 현실이 아니다. 꿈에서도 보고 듣고 만질 수 있다. 그러나 그것은 현실이 아니다. 히브리서 기자는 "믿음은 바라는 것들의 실상이요(being sure of) 보이지 않는 것들의 증거니(certain of)"(히 11:1)라고 잘 표현하였다. 그리고 "믿음으로 모든 세계가 하나님의 말씀으로 지어진 줄을 우리가 아나니 보이는 것은 나타난 것으로 말미암아 된 것이 아니니라"(히 11:3)고 덧붙였다. 이 믿음이 당신에게 있을 때 불안을 대처하며 극복할 수 있다.

하나님은 남유다가 멸망할 때 "너희가 돌이켜 조용히 있어야 구원을 얻을 것이요 잠잠하고 신뢰하여야 힘을 얻을 것"(사 30:15)이라고 말씀하셨다. 그러나 유다 백성이 "아니라 우리가 말 타고 도망하리라"고 하자(사 30:16), 하나님은 "너희를 쫓는 자들이 빠르리니 한 사람이 꾸짖은즉 천 사람이 도망하겠고 다섯이 꾸짖은즉 너희가 다 도망"(사 30:16-17)할 것이라고 그들의 대처 방안이 무익할 것임을 말씀하셨다. 하나님이 제안한 방법은 "죽으면 죽으리라"고 마음먹고 하나님의 도우심을 바라며 잠잠히 기다리는 것이었다. 이사야는 "그를 기다리는 자마다 복이 있도다"(사 30:18)라고 분명히 이 사실을 밝했다. 인간의 생각으로는 이런 방법이 어리석어 보인다. 그래서 스스로 살 궁리를 모색한다. 믿음이 없는 자들의 불안 대처 방식이다.

예레미야는 유다의 핵심적인 죄를 두 가지로 지적했는데, 둘 다 불안 심리와 연결되어 있다: "내 백성이 두 가지 악을 행하였나니 곧 그들이 생수의 근원되는 나를 버린 것과 스스로 웅덩이를 판 것인데 그것은 그 물을 가두지 못할 터진 웅덩이들이니라"(렘 2:13). 생수의 근원이 되시는 하나님을 붙잡고 좇아야 광야에서도 반석을 깨뜨려 물을 내시며 해갈하시는 기적을 경험할 수 있는데, 유다는 생수의 근원을 포기했던 것이다. 하나님의 말씀에 순종해야 하나님이 이른 비와 늦은 비를 주시며 이슬을 내려 주셔서 농사의 소출이 생긴다. 그러나 유다 백성은 하나님이 징계하실 때 회개하는 대신에 인본적인 방법을 강구했다. 이것이 불안에 대한 신경증적인 방식이다. 그들은 불안이 무엇을 의미하는지를 알아차리고 하나님께 회개하는 자리로 나아가지 않았다. 대신에 불안이라는 증상 자체를 없애기 위해서 하나님을 의지하지 않아도 되는 농사법을 개발했다. 그것은 곧 저수지를 파서 물을 저장해 두는 것이었다.

이 방법은 인간적으로는 지혜로운 방법이다. 그러나 하나님의 백성에게 이것은 흉년의 근본적인 원인을 해결하는 방법이 아니었다. 하나님이 돌보시지 않으면 아무리 저축하고 물을 저장해 두려 해도 다 새어 버린다. 불안하고 두려울수록 자신의 꾀와 전략과 방법에 매달리지만 하나님 앞에서 무용지물이 되고 만다. 인간적인 방법을 의지하는 한 근본적인 불안을 해결할 수 없다.

이 터진 저수지는 애굽과 앗수르를 의존하여 그들의 군사적, 정치적 도움을 얻으려고 한 것을 상징한다: "네가 시홀의 물을 마시려고 애굽으로 가는 길에 있음은 어찌 됨이며 또 네가 그 강물을 마시려고 앗수르로 가는 길에 있음은 어찌 됨이냐"(렘 2:18). 그 결과는 수치를 당하는 것이었다: "이는 네가 의지하는 자들을 나 여호와가 버렸으므로 네가 그들로 말미암아 형통하지 못할 것임이라"(렘 2:37); "네가 앗수르로 말미암아 수치를 당함 같이 또한 애굽으로 말미암아 수치를 당할 것이라"(렘 2:36).

예레미야는 이 신경증적인 방안이 무익하다고 지적했다. 왜냐하면 그 저수지는 담수할 수 없기 때문이다. 밑이 터져 있어서 아무리 물을 부어도 담기지 않았다. 마치 아무리 채우고 채워도 만족하지 못하는 중독적인 욕구와 같았다. 하나님께 돌아가지 않으면 그들의 기근은 근본적으로 해결될 수 없었다. 마찬가지로 오늘 현대인들의 많은 중독적인 행동들과 문제들은 하나님과의 진정한 만남과 관계를 경험하지 못함에서 오는 '터진 웅덩이' 상태라고 진단할 수 있다.

남유다가 멸망한 후에 일부 남은 백성은 바벨론의 보복이 두려워 애굽으로 피난가려고 했다. 그들은 예레미야를 통해 하나님의 뜻을 알기 원했다. 그리고 겉으로는 매우 신앙적인 고백을 했다: "우리가 당신을 우리 하나님 여호와께 보냄은 그의 목소리가 우리에게

좋든지 좋지 않든지를 막론하고 순종하려 함이라 우리가 우리 하나
님 여호와의 목소리를 순종하면 우리에게 복이 있으리이다"(렘 42:6).
그러나 그들은 "우리에게 좋든지 좋지 않든지를 막론하고 순종하려
함이라"고 맹세한 약속을 헌신짝처럼 버렸다. 그리고 자신들이 생각
했던 방안을 선택했다. 그들은 예레미야가 그들에게 거짓말로 예언
한다고 의심했다. 결국 그들은 애굽에서 멸망당하고 말았다.

　　이 모습은 오늘을 살아가는 많은 그리스도인들의 모습이며 곧
당신과 나의 모습이다. 하나님께 순종할 것을 다짐하지만 실제 삶
에서는 자기의 불안 심리에 따라 결정하며 행동하는 모습 말이다.

7　자기의 유익을 추구함

　　인간은 태어나면서부터 이기적이다. 아기는 '자기애적인 욕
구'에만 관심이 있다. 자기애성 성격장애자의 특징은 이기성에 있
다. 자기애성 성격장애자가 아니더라도 사람들은 대부분 불안한 상
황에 처하면 자신의 생명과 이익을 보존하며 추구하는 데 관심과
에너지를 집중한다. 자신의 생명이 위협 받는 상황이 되면 생명을
지키는 데 일차적인 에너지를 쓰기 때문이다. 때때로 '살신성인'하
는 경우도 있지만 인간은 대부분 먼저 자기 생명을 구하는 데 몰두
한다.

아도니야를 왕으로 삼으려고 모인 사람들이 솔로몬이 즉위했다는 소식을 듣고 "다 놀라 일어나 각기 갈 길로"(왕상 1:49) 갔다. 이들은 아도니야를 왕으로 옹립하는 것이 자기에게 유익이 된다고 생각해서 줄을 선 자들이었다. 따라서 모반이 실패로 돌아가자 하나같이 뿔뿔이 흩어져서 자기 살 궁리만 했다. 누구도 아도니야를 지켜 주지 않았다. 반란에 동참했던 요압 장군마저 나서지 않았다. 이것이 예나 지금이나 두려운 상황에 처할 때 자기의 유익을 구하는 인간의 모습이다.

이 장에서는 불안과 두려움이 당신의 신앙생활과 어떤 관련을 맺고 있는지를 살펴보았다. 불안과 두려움의 정체를 잘 이해함으로써 신앙이 성장하고 성숙해지는 삶을 살기 바란다. 다음 장에서는 불안과 두려움이 삶에서 어떤 역동성으로 작용되고 드러나는지를 다룰 것이다.

chapter 5

나는 나를
바로 볼 수 없다

불안과 두려움의 결과 2

당신이 경험하는 불안과 두려움을 이해하려고 할 때 불안에 작용하는 역동/역학(dynamics: 힘이 작용하는 현상. 정신분석학을 흔히 '정신역동이론psychodynamic theories'이라고 부른다)을 인식하는 것이 중요하다. 어떤 힘이 작용하는지 모르고 그냥 불안해하면 어리석은 삶을 살게 된다.

연결 짓기와 구별 짓기라는 두 중요한 기능이 불안과 두려움의 과정에서 잘못 작용하는 경우가 많다. 즉 정보를 잘못 연결함으로써 불필요하게 불안해하거나 두려움을 느낄 수 있는 것이다. 예를 들면, 프로이트(Sigmund Freud)가 분석했던 한 아동은 말을 무서워하는 공포증이 있었다. 프로이트는 분석 과정을 통해 그 아이가 무서워한 것은 사실 말이 아니라 긴 수염을 가진 아버지였다고 추론했다. 말의 긴 털을 볼 때 긴 수염을 가진 아버지를 연상함으로써 아무런 연관이 없는 말에게 그 두려움을 '전이'(transference)했다고 본 것이다. 비슷한 모양으로 잘못 연결 짓기 함으로써 다른 대상에 불안과 두려움을 느낀 것이다. 이 경우에는 말과 아버지가 다르다고 구별 짓기를 해야 말 공포증이 사라진다.

구별 짓기 경험도 마찬가지다. 연결해야 하는 것을 연결하지 못하면 불안을 경험할 수 있다. 예를 들어 과거에 두려운 상황을 극복한 성공 경험이 있음에도 불구하고 새로운 불안 상황에서 그 성공 경험을 기억하지 못하는 것이다. 때로는 불안 자체가 기억을 되살리는 것을 '블로킹'한다. 이 과정에 어떤 힘이 작용하는 것이다.

"자라 보고 놀란 가슴 솥뚜껑 보고 놀란다"는 속담이 있다. 자라와 솥뚜껑은 서로 연관성이 없지만 자라의 등껍질 무늬와 가마솥의 뚜껑 무늬가 비슷하기 때문에 순간적으로 놀라는 것이다. 역기능 가정에서 자란 사람들 중에는 부모가 다투는 소리를 듣고 자란 까닭에 조금만 큰 소리가 나도 심장이 뛰고 긴장하는 이들이 있다. 무의식화된 싸우는 소리와 큰 소리가 연결되어 의식화되기 때문이다.

성인아이의 공통적인 증상들 중 하나는 권위자 앞에서 긴장하거나 과도하게 불안을 경험하는 것이다. 자라면서 아버지나 어머니와의 관계에서 긴장과 불안을 자주 경험했기 때문이다. 이 경우 부모와의 관계 경험을 힘을 가진 새로운 사람에게 의식적으로 또는 무의식적으로 전이하는 힘이 작용하는 것이다.

방어 기제도 마찬가지다. 프로이트는 방어 기제가 불안에 대처하는 무의식적인 작용이라고 이해했다. 어릴 때 아이들은 불안을 건강하게 처리할 수 있는 자아(ego)의 힘이 약하기 때문에 자아를 보강해 주는 장치로서 장착된 방어 기제가 작용하는 것이다. 방어 기제를 사용하지 않고서도 불안과 두려움에 대처할 수 있는 사람은 심리적으로 성숙한 사람이다. 그러나 사람들은 대부분 어느 정도 방어 기제들을 사용하면서 이 세상을 살고 있다. 자신이 주로 어떤 방어 기제를 사용하는지 혹은 상대방은 주로 어떤 방어 기제를 사용하는지 잘 이해한다면 대인관계에서 불안과 두려움을 처리하는 데 유익하다.

이처럼 불안과 두려움에는 여러 가지 역동적인(dynamic) 힘들이 작용한다. 이것을 의식하면 불안과 두려움을 다루기가 쉬워진다. 이 장에서는 불안과 두려움이 어떤 방어 기제를 사용하고 그것이 어떻게 역동적으로 나타나는지를 살펴볼 것이다.

1 투사

아담은 "누가 너의 벗었음을 네게 알렸느냐?", "내가 네게 먹지 말라 명한 그 나무 열매를 네가 먹었느냐?"는 두 가지 질문을 던지신 하나님의 질문에 합당한 답변을 하지 못했다. 왜냐하면 아담은 이미 두려움에 휩싸여 있었기 때문이다. 회피하고 투사하는 방어 기제를 자동으로 사용하는 모습을 보였다.

두려우면 뇌가 정상적인 반응을 하지 못하고 어리석게 반응한다. 그래서 아담은 하나님이 던지신 질문을 제대로 이해조차 하지 못했다.

하나님은 첫 번째로 "누가 너의 벗었음을 네게 알렸느냐"고 질문하셨다. 이 질문에 아담은 "아닙니다. 아무도 저에게 알려 준 사람이 없습니다. 제가 벗은 것을 제가 깨닫게 되었을 뿐입니다"라고 대답하는 것이 합당했을 것이다. 하나님의 두 번째 질문인 "내가 네게 먹지 말라 명한 그 나무 열매를 네가 먹었느냐"에는 "예, 제가 먹었습니다"라고 정확하고 솔직하게 대답하는 것이 좋았을 것이다. 그러나 그는 두려움으로 정확하고 솔직하게 대답하는 대신 자기가 하고 싶은 말을 했다: "하나님이 주셔서 나와 함께 있게 하신 여자 그가 그 나무 열매를 내게 주므로 내가 먹었나이다"(창 3:12). 개역 개정 성경과 영어 성경, 그리고 히브리어 성경을 살펴보면 다 "내가 먹었나이다"가 어순상 제일 뒤에 나온다. 아담은 자신의 책임을 회피하는 대답을 했다. 적어도 "내가 먹었습니다. 그런데 그 이유는 아내가 그 나무 열매를 주었기 때문입니다"라고 반응했어야 할 것이다. 그러나 아담은 그렇지 못했다. '하나님이 주셔서 나와 함께 있게 하신 그 여자'가 주었기 때문이라고 자신의 책임을 인정하지 않는 투사(projection)라는 방어 기제를 사용했다.

투사를 비롯한 방어 기제는 어떤 의미에서는 죄다. 죄를 지었으면 "제가 죄인이로소이다"라고 인정하고 용서를 구해야 하는 것이 지혜로운 반응이며 성숙한 반응이다. 그러나 아담은 하나님과 아내 하와에게 책임을 돌림으로써 자신이 졌어야 할 책임을 지지 않았다. 하나님과 하와에게 야단맞을 수 있는 대답을 한 깃이다. 아담의 이런 행동은 불안과 밀접한 관계가 있다. 두려움 때문에 방어적이게 된 것이다. 때문에 그의 뇌도 제대로 작동되지 못했다.

하와의 반응은 아담의 반응보다는 성숙한 것으로 이해될 수 있다. 하와는 "네가 어찌하여 이렇게 하였느냐"라는 하나님의 질문에 "뱀이 나를 꾀므로 내가 먹었나이다"라고 있는 사실대로 대답했다. 하나님이 "어찌하여 이렇게 하였느냐"고 물으셨을 때 하와는 뱀이 자신을 유혹했음을 언급하면서 "내가 먹었나이다"라고 솔직히 인정했다.

하와의 반응에서 아담을 돕는 헬퍼(helper)로서 지음 받은 하와가 아담보다 더 성숙함을 엿볼 수 있다. 여성이 남성보다 불안장애의 유병률이 더 높지만, 불안에 대처할 때 좀 더 다양하게 생각하고 방안을 강구하는 심리적 성숙도가 전반적으로 높다. 따라서 하와는 두려운 상황에서도 최소한 하나님의 질문을 제대로 듣고 대답할 수 있는 수준의 심리적 성숙이 있었다고 해석해도 무방할 것이다. 비록 하와가 유혹을 받아 범죄했지만 두려운 상황에서 하나님의 권면과 징계에 대해서 아담보다는 투사하는 방어 기제를 덜 사용했다고 볼 수 있다.

2 회피

불안에 대한 신경증적인 대처 방안은 회피다. 피하는 것은 쉬운 길이기 때문이다. 많은 사람들은 일단 쉬운 길로 가는 것을 선호한다. 그러나 이것은 성숙한 길이 아니다.

야곱이 분노하는 형 에서를 피해 라반의 집으로 갔던 길은 하나님의 섭리적인 인도하심이 있었다. 장차 이스라엘의 열두 지파가 생기는 길이 되었기 때문이다. 그러나 인간적인 관점으로 해석한다면, 두 아들이 갈등하는 상황에서 리브가가 적극적으로 개입하여 화해시키지 못하고 야곱을 피신시킨 것은 두 아들을 모두 잃을 수 있다는 두려움에서 나온 회피 반응이었다. 증상을 잠시 완화시켜서 해결해 보겠다는 생각은 그녀의 착오였다. 리브가는 야곱에게 에서의 노가 풀리기까지 "몇 날 동안"(for a while) 라반의 집에 머물라고 말하면서 "형의 분노가 풀려⋯ 자기에게 행한 것을 잊어버리거든 내가 곧 사람을 보내어 너를 거기서 불러오리라"(창 27:45)고 일렀다. 이때 리브가는 야곱의 귀환이 20년이나 걸릴 것이라고는 꿈에도 생각지 못했을 것이다.

이삭은 성격상 갈등을 직면하며 잘 중재하는 사람이 아니었다. 그러나 리브가는 두 아들의 갈등 상황에서 불안을 다독이며 중재할 수 있는 입장에 있었다. 그럼에도 불구하고 자신이 사랑하는 야곱이 연결되어 있었기 때문에 그녀는 두 아들 사이에서 생긴 긴장과 불안을 다루지 못했다. 만약 그녀가 임신했을 때 하나님으로부터 들은 말씀을 제시하여 야곱이 받은 복은 하나님의 예정된 섭리에 따른 것임을 설명하면서 에서를 설득했더라면 화해의 가능성도 있었을 것이다. 위기가 기회가 되어 야곱과 에서가 서로 좋은 형제로 살았을지도 모른다. 물론 구속사적인 관점에서 보면 하나님은 야곱과 그의 자손을 택하시고 에서와 그의 자손을 버리시기로 작정하셨지만 말이다.

다윗은 압살롬의 외가인 그술 왕에게 망명한 압살롬이 그곳에서 3년을 보낸 후에 그를 "향하여 간절"한 마음이 있으면서도 구체적인 화해 행동을 취하지 않았다(삼하 13:39). 귀환한 지 2년이 지나도록 다윗이 부르지 않자 압살롬은 요압을 불러 "네가 나로 하여금 왕의 얼굴을 볼 수 있게 하라 내가 만일 죄가 있으면 왕이 나를 죽이시는 것이 옳으니라"(삼하 14:32) 하고 관계 회복을 시도했다. 압살롬이 불편한 관계를 먼저 직면함으로써 다윗은 "압살롬과 입을 맞추"고 화해할 수 있었다(삼하 14:33).

일련의 행동들을 볼 때 다윗은 자신의 가정 문제에 관한 한 불안을 직면하기보다는 회피하는 방어 기제를 자주 사용했음을 알 수 있다. 다말의 강간 사건도 다윗이 직접 나서서 해결했더라면 압살롬이 배다른 형 암논을 살해하는 일이 없었을 것이다. 압살롬이 예루살렘에 돌아온 뒤에 곧 그를 만나서 징계할 것은 징계하고 용서할 것은 용서했더라면 압살롬의 반역은 없었을 가능성이 높다. 압살롬의 반역 조짐은 다윗과 입 맞추며 화해한 이후 본문에서 드러나기 시작했기 때문이다(삼하 15장 참조). 다윗이 솔로몬을 왕으로 세우는 일을 좀 더 일찍 당겨서 했더라면 아도니야의 반역도 발생하지 않았을 것이다. 그러나 다윗이 늙어서 침상에서 내려오는 것조차 힘들 때까지 그는 왕위 계승을 미루고 있었다.

다윗이 압살롬이나 아도니야에게 한 번도 섭섭한 말을 한 적이 없다는 사실은 자식을 양육하는 과정에서 적절한 훈육을 하고 야단치는 일을 회피한 것이라고 해석할 수 있다. 다윗은 전쟁에서는 용맹한 용사였지만 가정사에서는 갈등을 직면하지 못하고 회피한 사람이었다.

3 억압

억압이라는 방어 기제는 두 가지가 있다. 의식적인 '억압' 또는 '억제'(suppression)가 있고 무의식적인 '억압'(repression)이 있다.

야곱의 아들들이 요셉을 죽이려고 한 행동과 은 이십을 받고 동생을 종으로 판 행동, 그리고 숫염소를 죽이고 그 피로 요셉의 채색옷을 적시고 아버지에게 "우리가 이것을 발견하였으니 아버지 아들의 옷인가 보소서"(창 37:32)라고 거짓말하는 행동에서 양심과 불안의 기능이 전혀 작동하지 않는 것을 발견할 수 있다. 야곱은 "내 아들의 옷이라 악한 짐승이 그를 잡아먹었도다 요셉이 분명히 찢겼도다"(창 37:33)면서 자기 옷을 찢으며 굵은 베로 허리를 묶고 오랜 기간 동안 요셉의 죽음을 슬퍼하며 애통해했다. 그러나 누구도 진실을 직면하지 않았다. 요셉을 살리고자 했던 맏형 르우벤조차 진실을 말하지 못했다. 만약 르우벤이 진실을 말했다면 다른 형제들에게서 질시와 미움을 감내해야 했을 것이다. 더구나 르우벤은 서모 빌하와 동침한 사건으로 야곱과 불편한 관계에 있었다. 그렇기 때문에 그가 진실을 말했다면 역기능 가정에서 또 다른 희생양이 되었을지도 모른다.

요셉의 형들이 어느 정도의 불안과 죄책감을 느꼈을 것이라는 사실은 십수 년이 지난 다음 요셉이 그들을 처음 만나서 정탐꾼으로 몰아 사흘을 가두었을 때 그들이 나눈 대화에서 드러난다: "그들이 서로 말하되 우리가 아우의 일로 말미암아 범죄하였도다 그가 우리에게 애걸할 때에 그 마음의 괴로움을 보고도 듣지 아니하였으므로 이 괴로움이 우리에게 임하도다"(창 42:21); "르우벤이 그들에게 대답하여 이르되 내가 너희에게 그 아이에 대하여 죄를 짓지 말라고 하지 아니하였더냐 그래도 너희가 듣지 아니하였느니라 그러므로 그의 핏값을 치르게 되었도다"(창 42:22). 동생을 판 죄책감이 그들의 마음속에 깊이 억압되어 있다가 위기 상황에서 의식화된 것이다.

시편 기자는 악인의 특성에 대해서 언급하면서 "그의 마음의 욕심을 자랑하며 탐욕을 부리는 자는 여호와를 배반하여 멸시하나이다"(시 10:3)라고 표현했다. 그리고 "그의 길은 언제든지 견고하고"(시 10:5) 마음에 이르기를 "나는 흔들리지 아니하며 대대로 환난을 당하지 아니"(시 10:6)할 것이라는 태도를 취했다는 것이다. 그리고 악인은 마음에 "하나님이 잊으셨고 그의 얼굴을 가리셨으니 영원히 보지 아니하시리라"(시 10:11) 하고 자기기만적인 억압의 방어기제를 사용하는 것이 특징이다. 이런 자들은 초자아의 기능이 거의 발달되어 있지 않고 두려움도 잘 느끼지 않는다. 실제로 삶이 안정적이기 때문에 불안을 느끼지 못한다. 문제는 이런 사람은 영원한 심판을 받기에 좋은 후보자라는 것이다.

예레미야는 유다의 주변 국가에 대한 하나님의 멸망 계획을 예언하면서 암몬을 향해서 "패역한 딸아 어찌하여 골짜기 곧 네 흐르는 골짜기를 자랑하느냐 네가 어찌하여 재물을 의뢰하여 말하기를 누가 내게 대적하여 오리요 하느냐"(렘 49:4)라고 핵심 문제가 경제적인 부유함에 있었음을 지적했다. 물질적인 부유함이 암몬으로 하여금 하나님 앞에서 느껴야 할 불안과 두려움을 차단하고 억압한 것이다.

경제적인 여유와 많은 돈은 구원을 얻기 위해 느껴야 하는 실존적인 불안을 마취시키며 억압하는 효과가 있다. 그래서 예수님의 말씀처럼 자칫하면 부자가 천국에 들어가는 것이 낙타가 바늘귀로 들어가는 것보다 어려울 수 있다. 여러 해 먹을 양식을 쌓아 놓던 어리석은 부자도 실존적인 불안을 느끼지 못했다. 죽을 수도 있다는 불안과 두려움을 전혀 느끼지 않았던 것이다. 경제적 여유가 그의 불안과 두려움을 억압하는 역할을 한 것이다.

구원에 이르는 불안이나 두려움을 느끼는 것이 꼭 필요하다. 이런 불안은 당신에게 영원한 유익을 준다. 세상에 존재하는 모든 것이 다 견고하지 못하며 흔들릴 때가 온다는 것을 자각하고 두려워해야 한다.

4 합리화

모세가 미디안 광야에서 약 40년의 세월을 보내던 어느 날, 하나님은 호렙 산의 떨기나무 가운데 불꽃으로 찾아오셔서 그를 부르셨다. 하나님은 "오 주여 나는 본래 말을 잘하지 못하는 자니이다…
나는 입이 뻣뻣하고 혀가 둔한 자니이다"(출 4:10)라고 말하는 모세
에게 "누가 사람의 입을 지었느냐 누가 말 못 하는 자나 못 듣는 자
나 눈 밝은 자나 맹인이 되게 하였느냐 나 여호와가 아니냐"(출 4:11)
하고 논박하셨다. "이제 가라 내가 네 입과 함께 있어서 할 말을 가
르치리라"(출 4:12)고 말씀하셨지만 모세는 "오 주여 보낼 만한 자를
보내소서"(출 4:13)라고 하나님의 부르심을 거절했다.

모세는 여러 번 하나님의 부르심에 대해서 나름대로 타당성이
있는 대답들로 거절했다. 그가 이와 같은 합리화 방어 기제를 사용
한 이유는 불안했기 때문이다. 동족들이 자신을 배척할 것 같은 불
안함도 있었지만, 완악한 바로 왕을 생각하면 마치 달걀로 바위치
기 하는 것과 같은 위협적인 상황이 두려웠기 때문이다.

5 부인·거짓말

아브라함은 두 가지 불안한 상황에 처하게 되었다. 가나안 땅
에서 "이 땅을 네 자손에게 주리라" 하는 약속을 받았지만(창 12:7)
"그 땅에 기근이 들었으므로"(창 12:10) 그는 심한 기근을 피하기 위
해 당분간 애굽에서 거주하려고 했다(창 12:10 참조). 그런데 문제는
애굽 사람들이 "아리따운 여인" 사라를 탐하여 아브라함을 죽일지

도 모른다는 것이었다. 아브라함은 그것이 두려워 아내에게 "원하건대 그대는 나의 누이라 하라"고 말했다. "그러면 내가 그대로 말미암아 안전하고 내 목숨이 그대로 말미암아 보존되리라"(창 12:13)고 한 그의 말에서 그가 느낀 두려움이 잘 드러난다.

아브라함이 추구한 것은 안전과 보존이었다. 하나님의 도우심과 인도하심을 신뢰하기보다 자신이 세운 전략을 통해 불안을 다독이려는 자구책을 강구한 것이다. 즉 그는 불안에 대처하는 방식에서 인본적인 사람이었다.

그러나 아브라함의 전략은 상황을 오히려 악화시켰고 예기치 않은 결과를 가져왔다. 불안을 회피하려고 사용했던 거짓말이 오히려 올무가 된 것이다. "애굽 사람들이 그 여인이 심히 아리따움을 '보았고' 바로의 고관들도 그를 '보고' 바로 앞에서 칭찬하므로"(창 12:14-15) 사래를 바로의 궁으로 데려가는 상황이 발생한 것이다. 바로는 사라를 아내로 삼으려고 아브라함을 후대하고 그에게 "양과 소와 노비와 암수 나귀와 낙타"를 주었다.

문제를 회피하고자 했던 아브라함의 신경증적인 대책을 해결하신 분은 결국 하나님이셨다. 아브라함은 수동적으로 당하는 무력한 존재였다. 성경은 하나님의 개입을 다음과 같이 기록한다: "'여호와께서' 아브람의 아내 사래의 일로 바로와 그 집에 큰 재앙을 내리신지라"(창 12:17).

아브라함은 그랄 땅에 거주할 때도 동일한 방식으로 불안을 처리했다. 그랄 왕 아비멜렉도 사라를 아브라함의 누이인 줄 믿고 아내 삼기 위해 궁으로 데려갔다. 이때도 하나님께서 아비멜렉의 꿈에 나타나셔서 강권적으로 사건에 개입하셨다: "네가 데려간 이 여인으로 말미암아 네가 죽으리니 그는 남편이 있는 여자임이라"(창 20:3). 아직 사라와 관계하지 않은 상태였던 아비멜렉은 꿈속에서 하나님께 지혜롭게 대답했다: "주여 주께서 의로운 백성도 멸하시나이까 그가 나에게 이는 내 누이라고 하지 아니하였나이까 그 여인도 그는 내 오라비라 하였사오니 나는 온전한 마음과 깨끗한 손으로 이렇게 하였나이다"(창 20:4-5). 하나님은 두려워하는 그에게 "이제 그 사람의 아내를 돌려보내라 그는 선지자라 그가 너를 위하여 기도하리니 네가 살려니와 네가 돌려보내지 아니하면 너와 네게 속한 자가 다 반드시 죽을 줄 알지니라"(창 20:7)면서 생명의 길과 심판의 길을 선택하게 하셨다.

불안에 대처하는 아브라함의 행동을 볼 때, 그는 카렌 호나이가 말한 '순응형'(moving toward)의 방식을 사용했다고 해석할 수 있다. 불안한 상황에서 진실에 직면하여 바로에게 사라가 자신의 아내임을 말하기보다 누이인 것처럼 계속 행동한 것은 아브라함의 심리적인 수준이 그렇게 성숙한 것이 아니었음을 보여 준다. 만약 하나님이 개입하지 않으셨다면 그는 자신의 아내를 애굽 왕 바로에게 빼앗기고도 항거하지 못한 채 애만 태워야 했을 것이다. 아비멜렉의 경우에도 마찬가지였다.

아브라함은 동일한 이슈에서 동일한 불안 대처 방안을 두 번이나 사용했다. 한 번의 경험으로는 그가 성숙한 방법, 즉 직면하여 대처하는 방안을 학습하지 못했다. 흥미롭게도 이 방식을 그의 아들 이삭이 그대로 답습한다. 흉년이 들자 이삭은 블레셋 왕 아비멜렉의 통치 지역에서 거주하게 되었는데, 아브라함이 그런 것처럼 "리브가는 보기에 아리따우므로 그곳 백성이 리브가로 말미암아 자기를 죽일까 하여 그는 내 아내라 하기를 두려워"(창 26:7)했다.

불안한 상황에서 진실에 직면하기보다는 거짓말하며 부인하는 것이 단기적으로는 쉬운 길처럼 보인다. 그러나 장기적으로는 마이너스가 되는 길이다.

부인(denial)의 방어 기제는 의식적인 거짓말을 하거나 무의식적인 차단을 할 때 드러난다. 불안을 야기할 수 있는 상황을 피하기 위해 거짓말하는 경우다. 그리고 불안하거나 두려운 감정과 접촉하는 것을 무의식적으로 차단하는 경우다. 예를 들면, 속으로는 떨고 있으면서도 사람들이 괜찮은지 물으면 "아무렇지도 않아요"라고 말하는 것이다. 의식적으로는 괜찮다고 생각하지만 무의식적으로는 불안하고 두려운 감정을 느끼고 있는 것이다.

라헬은 진실이 노출될 수 있는 상황에서 거짓말을 했다. 아버지의 우상인 드라빔을 훔친 것을 야곱에게도 알리지 않았을 뿐 아니라 아버지 라반이 자신의 장막을 수색할 때도 거짓말로 위기를 모면했다: "라헬이 그의 아버지에게 이르되 마침 생리가 있어 일어나서 영접할 수 없사오니 내 주는 노하지 마소서"(창 31:35). 그녀는 그 드라빔을 낙타 안장 아래에 넣고 자신이 그 위에 깔고 앉아 있었다(창 31:34).

악인들은 주의 백성을 짓밟으며 "과부나 나그네를 죽이며 고아들을 살해"(시 94:6)하면 불안을 느껴야 하는데 그렇지 못하다. 사이코패스적이며 소시오패스적인 사람들은 불안이나 두려움의 감정을 차단하고 부인한다. 그래서 하나님이 자신을 보고 있다는 사실을 인식하지 못한다. 하나님을 두려워하지 않는다. 의식하지 않기 때문이다. 오히려 적극적으로 부인한다: "말하기를 여호와가 보지 못하며 야곱의 하나님이 알아차리지 못하리라"(시 94:7). 그러나 시인은 이 악인들을 향하여 어리석은 자라고 말한다: "백성 중의 어리석은 자들아 너희는 생각하라 무지한 자들아 너희가 언제나 지혜로울까 귀를 지으신 이가 듣지 아니하시랴 눈을 만드신 이가 보지 아니하시랴"(시 94:8-9). 악인들이 부인하는 것은 마치 타조가 모래밭에 머리만 박고 몸을 다 드러낸 채 자신이 숨어 있다고 생각하는 것과 같다. 자신의 눈에서 보이지 않는다고 하나님이 계시지 않는 것은 아니다.

우리아의 아내 밧세바를 범한 다윗 왕은 그녀가 임신했다는 소식을 들었을 때 전쟁터에서 우리아를 불러들여서 밧세바와 동침하도록 환경을 조성했다(삼하 11:6-13 참조). 만약 우리아가 그렇게 했다면 밧세바가 임신한 것이 우리아와의 동침으로 생긴 것처럼 되었을 것이다. 그러나 다윗의 예상과 달리 우리아가 전쟁 중에 자신만 한가롭게 동침할 수 없다며 왕의 이름으로 맹세까지 하는 바람에 다윗의 1차 계략은 수포로 돌아갔다. 왕의 수치가 될 수 있는 불안한 상황에서 다윗은 2차 계략을 세웠다. 우리아의 손에 편지를 보내어 암몬과의 전투 현장에서 "맹렬한 싸움에 앞세워 두고 너희는 뒤로 물러가서 그(우리아)로 맞아 죽게 하라"(삼하 11:15)는 교사(敎唆) 행위를 벌인 것이다.

죄를 범한 후에도 다윗은 자신이 얼마나 사악해졌는지를 인식하지 못했다. 하나님 앞에서 자신의 행동이 그동안의 삶의 궤적과 전혀 일치하지 않는다는 사실을 감지하지 못했다. 다만 '불안의 목소리를 죽이는' 데만 몰두했다. 마침내 요압에게 전령이 와서 우리아의 죽음을 알렸을 때 "너는 요압에게 이같이 말하기를 이 일로 걱정하지 말라 칼은 이 사람이나 저 사람이나 삼키느니라"(삼하 11:25)고 무정하고도 태연하게 답변했다. 나단이 나중에 찾아와서 그의 죄를 직면할 때까지 그는 느껴야 할 기본적인 불안조차 느끼지 못했다. 다윗은 심지어 우리아의 장례와 애도 기간이 끝나자 사람을 보내어 밧세바를 왕궁으로 데려와 그의 아내로 삼아 아들을 낳게 하는 뻔뻔함까지 보였다.

하나님은 예레미야를 통하여 유다 백성이 부인하는 모습을 적나라하게 지적하셨다: "너희가 도둑질하며 살인하며 간음하며 거짓 맹세하며 바알에게 분향하며 너희가 알지 못하는 다른 신들을 따르면서 내 이름으로 일컬음을 받는 이 집에 들어와서 내 앞에 서서 말하기를 우리가 구원을 얻었나이다 하느냐 이는 이 모든 가증한 일을 행하려 함이로다 내 이름으로 일컬음을 받는 이 집이 너희 눈에는 도둑의 소굴로 보이느냐 보라 나 곧 내가 그것을 보았노라"(렘 7:9-11). 그들이 이렇게 "무익한 거짓말을 의존"(렘 7:8)할 수 있었던 것은 그들이 느꼈어야 할 불안을 차단시키는 방어 기제를 사용했기 때문이다. 십계명의 대부분을 다 어기면서도 불안해할 줄 모르고 심지어 그런 모습으로 성전에 와서 아무런 갈등과 불안을 느끼지 못한 채 제사를 드렸던 것이다.

거짓의 아비인 사탄은 불안과 두려움을 회피하려고 거짓말을 하도록 유혹한다. 일단 거짓말을 해서라도 상황을 모면하는 것이 낫다고 속삭인다. 그러나 사탄의 유혹에 빠져서는 안 된다. 진실을 말하는 자는 두려워할 필요가 없다.

6 활동 반경을 줄임

다윗이 노년기에 블레셋과의 전쟁에서 지쳐 있을 때 거인족의 아들인 블레셋 사람 이스비브놉이 그를 죽이려고 했다. 이때 스루야의 아들 아비새가 다윗을 도와서 그 사람을 죽였는데 이 사건은 다윗의 신하들에게 불안을 느끼게 했다. 그때 그들은 다윗에게 "왕

은 다시 우리와 함께 전장에 나가지 마옵소서 이스라엘의 등불이 꺼지지 말게 하옵소서"(삼하 21:17) 하고 말했다. 이것은 사실상 지혜로운 조언이었다. 다윗의 한계를 인식하고 왕으로서 더 중요한 역할을 오랫동안 수행할 수 있도록 그의 활동 반경을 줄여 주었기 때문이다. 신하들이 느낀 불안은 긍정적인 결과를 가져오게 하는 경보장치 역할을 했다.

그러나 일반적으로 불안장애를 갖고 있는 사람들은 스스로 자신의 활동 반경을 줄임으로써 불안을 감소시키려고 한다. 활동할 수 있음에도 불구하고 불안 때문에 활동 반경을 줄이는 것은 지혜롭지 못하다. 이들은 점점 안전한 울타리 안에만 거하려고 하는데 그렇게 되면 결국 자신의 집에 갇혀 버리는 신세가 되기 때문이다.

7   거리를 둠

불안한 상황에서 어느 정도 떨어져 있으면 덜 불안하다. 사람들과의 관계에서도 어느 정도 거리를 두면 갈등할 일이 별로 없다. 이것이 학습되면 매사에 거리를 둠으로써 불안을 대처하려는 방어기제가 자리 잡는다.

롯은 소돔과 고모라가 유황불로 멸망하는 과정에서 모든 것을 다 잃어야 했다. 그의 아내는 불순종과 미련 때문에 소금기둥이 되었고 졸지에 롯은 사랑하는 아내까지 잃는 큰 상실을 겪어야 했다. 그가 피신하기를 원한 작은 성읍 소알에 사는 것을 "두려워하여 두 딸과 함께 소알에서 나와 산에 올라가 거주하되 그 두 딸과 함께 굴에 거주"(창 19:30)하게 되었다. '굴'이 의미하듯이 그는 사람들로부터 멀어짐으로써 그가 느낀 두려움에 대처하고자 했다. 그의 행동은 모든 사람들과 환경에서 차단되는 극단적인 '자폐적' 행동이었다. 두 딸들이 아버지에게 술을 먹여서 취하게 하고 동침했을 때 그 과정을 전혀 알아차리지 못할 만큼 롯은 폐인으로 살았던 것 같다. 오늘날의 관점에서 본다면 롯은 외상후 스트레스장애에 시달렸을 것으로 이해할 수 있다. 공병 현상으로 찾아오는 우울증과 알코올 중독의 가능성도 추정해 볼 수 있다.

나의 책《성경 인물과 심리 분석》에서 이미 언급한 바 있지만 롯은 불안과 공포를 느끼는 상황에서 자신이 생각하기에 가장 안전한 방법을 선택하는 신경증적인 대처 방법을 선택했다. 두려움을 현실로 받아들이면서도 이런 위기 상황에서 삼촌 아브라함을 찾아가 도움을 청하고 하나님께 아뢰어 해결하려고 하지 않았다. 그의 두 딸들도 아버지와 닮았다. 그들은 "우리 아버지는 늙으셨고… 우리의 배필 될 사람이 이 땅에는 없으니 우리가… 우리 아버지로 말미암아 후손을 이어가자"(창 19:31-32)고 인본적인 방법을 강구했다. 심은 대로 거둔다는 성경 말씀처럼 그들에게서 모압과 벤암미(암몬 자손의 조상)라는 아들이 태어나고 그 후손들은 대대로 아브라함의 자손과 원수지간이 되었다. 아브라함의 사랑을 많이 받았던 롯의 후손이 아브라함의 후손과 원수가 된 것은 롯이 두려움을 극복하지 못하고 신경증적으로 대처하려던 것에서 비롯되었다.

사람들에게서 일정한 거리를 둘 때 안전감을 유지할 수 있는 것이 사실이다. 그러나 이 방법을 지속적으로 사용하게 되면 대인 관계를 제대로 할 수 없다. 심리적으로나 영적으로나 미성숙한 삶을 살게 된다.

야곱은 형 에서와 극적으로 화해하는 경험을 했다. 놀랍게도 에서는 "달려와서 그를 맞이하여 안고 목을 어긋맞추어 그와 입맞추고"(창 33:4) 함께 울었다. 야곱은 자신의 선물을 강권해서 에서에게 주었고 "내가 형님의 얼굴을 뵈온즉 하나님의 얼굴을 본 것 같사오며"(창 33:10)라고 자신의 안도감과 기쁨을 표현하기까지 했다. 그러나 에서가 "우리가 떠나자 내가 너와 동행하리라"면서 심지어 "내가 내 종 몇 사람을 네게 머물게 하리라"고 제안했지만 야곱은 "내 주도 아시거니와 자식들은 연약하고 내게 있는 양 떼와 소가 새끼를 데리고 있은즉 하루만 지나치게 몰면 모든 떼가 죽으리니 청하건대 내 주는 종보다 앞서 가소서 나는 앞에 가는 가축과 자식들의 걸음대로 천천히 인도하여 세일로 가서 내 주께 나아가리이다"(창 33:13-14) 하고 설득력 있는 이유를 대면서 거절했다. 그러나 야곱은 형 에서의 거주지인 세일로 가지 않고 "숙곳에 이르러 자기를 위하여 집을 짓고 그의 가축을 위하여 우릿간을 지었"(창 33:17)다. 즉 그는 형 에서와 어느 정도 거리 두기를 한 것이다. 에서와 더 이상 친해지는 것을 불안해했던 것이다. 결과적으로 그는 형 에서에게 거짓말한 셈이 되었다.

야곱의 후손인 이스라엘과 에서의 후손인 에돔 족속은 역사적으로 두고두고 원수 관계였다. 그 이유가 무엇일까? 이삭의 축복을 가로챈 데 대한 상처가 근본적인 이유이겠지만, 화해 이후에 보인 야곱의 행동에 대한 섭섭함도 일조했을 것이라고 해석할 수 있다. 야곱과 에서는 이후 직접적인 공격성을 드러내지 않았지만, 서로에 대해 느끼는 불안을 카렌 호나이가 말한 '거리 두기'(moving away)로 대처한 것으로 볼 수 있다.

다윗은 "원수의 소리와 악인의 압제"(시 55:3)로 근심하며 탄식했다. 그의 불안과 두려움은 극에 달했다: "내 마음이 내 속에서 심히 아파하며 사망의 위험이 내게 이르렀도다 두려움과 떨림이 내게 이르고 공포가 나를 덮었도다"(시 55:4-5). 그는 이 경험을 "폭풍과 광풍"(시 55:8)에 비유했다. 다윗은 이 모든 상황에서 피해서 한적한 곳, 광야와 같은 곳에 새처럼 날아가서 쉬고 싶다고 표현했다: "나는 말하기를 만일 내게 비둘기같이 날개가 있다면 날아가서 편히 쉬리로다 내가 멀리 날아가서 광야에 머무르리로다"(시 55:6-7). 두려움을 야기하는 상황에서 벗어나 피하려는 것이 인간의 심리다. 누구도 범접할 수 없는 거리를 둠으로써 심리적 안정을 추구하고 싶은 것이다.

내성적인 데다 목사의 가정에서 장남으로 태어난 나는 성장기의 어느 시점부터 교회 친구들과도 적절한 거리를 두는 것이 편해지기 시작했다. 초등학교 3학년까지 약 5년간 살던 마을에서 아버지가 좀 더 규모가 있는 교회로 목회지를 옮겼을 때 나는 원래 있던 곳을 떠나는 것이 너무나 슬프고 힘들었다. 새로운 곳에 가서도 이전에 살던 마을에서 친구들과 놀며 어울리는 꿈을 1년 이상 꾸었다. 아버지는 그 뒤에도 3년 만에 다른 지역의 교회로 사역지를 옮겼고 그 바람에 나는 또 원치 않게 친구들과 헤어져야 했다. 그 뒤로 나는 친구들과 깊게 사귀는 것을 피하고 적당한 거리에서 관계하기 시작했다. 아버지의 말도 한몫했다. 목회자의 가정은 성도들과 너무 가까워도 안 되고 너무 멀어서도 안 된다는 말이 현실적이라고 느꼈다. 이제는 익숙한 옷처럼 나의 일부가 된 기제는 '거리 두기'다. 친형제들과도, 심지어는 부모와도 이 기제가 사용될 때가 많다. 나름대로 유익을 주기 때문에 포기하기 힘든 방어 기제다.

8 터부를 만듦

천사가 야곱의 허벅지 관절의 힘줄을 친 사건이 계기가 되어 이스라엘 사람들에게는 새로운 관습이 생겼다. 창세기 기자는 천사와의 씨름 사건을 마무리하면서 "이스라엘 사람들이 지금까지 허벅

지 관절에 있는 둔부의 힘줄을 먹지 아니하더라"(창 32:32)라고 기록
했다. "그 사람이 야곱의 허벅지 관절에 있는 둔부의 힘줄을 쳤"기
때문이다. 이 관습은 야곱의 씨름 사건을 기억하는 데 도움이 되는
역할을 했다. 그러나 심리학적으로 이 관습을 해석한다면 일종의 강
박증으로 볼 수 있다. 동물의 허벅지 관절에 있는 둔부의 힘줄과 야
곱이 침을 당한 둔부의 힘줄과는 사실상 아무런 관계가 없기 때문
이다. 구별 짓기를 해야 하는데도 연결 짓기를 해서 그 행동을 피한
것에는 불안 심리가 깔려 있다. 불안에서 금기 행동이 생긴 것이다.

블레셋 사람들이 섬기는 다곤 신전에서 일하는 다곤의 제사장
들이나 그 신전에 들어가는 자들은 사무엘상 말씀이 기록되던 당시
까지도 "아스돗에 있는 다곤의 문지방을 밟지 아니하"는 관습을 지
키고 있었다(삼상 5:5). 이 미신적이며 강박적인 행동의 유래는 이스
라엘에서 빼앗은 여호와의 법궤와 관련이 있다. 빼앗은 궤를 다곤
신전의 다곤 신상 옆에 두었는데 그 신상이 여호와의 궤 앞에 엎드
러져 있는 기이한 일이 벌어진 것이다. 사람들이 신상을 다시 세워
두었지만 이튿날에는 아예 머리와 두 손목이 끊어져 문지방에 걸쳐
져 있는 모습으로 발견되었다. 여기서 유래되어 다곤 신상의 일부
가 걸쳐졌던 문지방이 거룩하다고 생각해 문지방을 밟고 지나가는
것을 두려워한 것이다.

터부(taboo) 행동의 배경에는 불안과 두려움이 있다. 터부는 보
통 별 연관성이 없는 것을 연결해서 의미를 갖는 어리석은 관습이

다. 진리를 알면 터부 행동을 극복할 수 있다. 빛이 비추면 두려움을 야기하는 어두움은 물러간다.

9 중언부언함

예수님은 기도할 때에 "이방인과 같이 중언부언하지 말라 그들은 말을 많이 하여야 들으실 줄 생각하느니라"(마 6:7)고 말씀하셨다. 타 종교인들이 기도를 오래하는 것에는 불안이 깔려 있기 때문이다. 즉 신이 듣지 않을까 봐 신의 마음을 움직이기 위해서, 설득하기 위해서 이런저런 말을 많이 하는 것이다. 예수님은 "그들을 본받지 말라 구하기 전에 너희에게 있어야 할 것을 하나님 너희 아버지께서 아시느니라"(마 6:8)고 말씀하시면서 믿는 자녀들이 기도할 때 겪는 불안을 해결해 주셨다. 무엇을 간구해야 할지 제대로 모를 때도 있고, 하나님의 뜻에 부합하지 않는 기도를 할 때도 있지만 하나님은 당신의 중심을 아신다. 당신의 기도가 하나님을 설득하는 기도여서는 곤란하다. 떼를 쓰듯이 기도할 수는 있다. 그러나 당신 기도의 대부분이 떼쓰는 기도라면 문제가 있다. 아뢰거나 묻는 기도가 아름답다.

공중기도를 할 때 미리 준비된 원고가 없이 기도하다 보면 중언부언할 가능성이 크다. 사회 불안을 어느 정도 느끼기 때문에 반

복적인 표현을 하거나 적합하지 못한 단어를 선택하거나 명료하지
못한 표현을 할 수 있다. 평소에 기도 훈련이 잘되었다면 공중기도
하는 것이 그만큼 덜 불안할 것이다. 약간의 불안은 기도할 때 유익
하기도 하다. 함부로 하나님의 이름을 부르거나, 말을 쏟아 내지 않
도록 도와주기 때문이다.

10 꿈의 투영

　　술 맡은 관원장과 떡 굽는 관원장이 시위대장의 집에 있는 왕
의 죄수를 가두는 감옥에 갇힌 지 여러 날 되었을 무렵, 어느 날 밤
에 꿈을 꾸었다. 꿈의 내용은 서로 달랐으나 둘 다 그 내용을 잘 기
억하고 있었다. 잊을 수 없는 선명한 꿈이었을 것이다. 그들이 꿈을
꾸고 나서 '근심의 빛'을 띠자 요셉이 그들의 불안을 금세 알아차렸
다. "어찌하여 오늘 당신들의 얼굴에 근심의 빛이 있나이까"(창 40:7).
사실 그들은 꿈의 내용보다 그 의미를 해석할 수 없는 것이 더 불
안했다: "그들이 그에게 이르되 우리가 꿈을 꾸었으나 이를 해석할
자가 없도다"(창 40:8). 요셉은 이때 그들의 불안을 다독이며 "해석은
하나님께 있지 아니하니이까 청하건대 내게 이르소서"(창 40:8) 하고
꿈 이야기를 자기한테 해 보라고 했다.
　　왕에게 죄를 범하여 옥에 갇힌 두 관원장은 죄질에 따라 사형

까지 당할 수 있으므로 옥에서 지내는 동안 하루하루가 불안했을 것이다. 그들은 사실상 사형선고를 받은 것이나 마찬가지였다. 언제 사형집행이 될지 모르는 상황에서 그들은 한날에 꿈을 꾸었다. 이 꿈은 그들의 미래를 예견하는 꿈이었다. 심리학적으로 그들의 무의식이 가까운 미래의 일을 미리 알아차리고 예고해 주었다고 말할 수 있다. 혹은 영적으로는 하나님이 그들의 꿈 세계에 상징으로서 개입하셔서 요셉을 역사 무대에 등장시키는 내러티브를 만드시는 중이었다고 설명할 수도 있다.

각각의 관원장의 꿈에는 자신의 업무와 역할과 관련된 상징들이 나타났다. 술 맡은 관원장의 꿈은 포도나무, 세 가지, 싹이 나며 꽃이 피고 포도 열매가 익음, 바로의 잔, 포도를 따서 즙을 잔에 담아 바로의 손에 드리는 행동이 상징으로서 표현되었다. 요셉은 술 맡은 관원장의 꿈을 "지금부터 사흘 안에 바로가 당신의 머리를 들고 당신의 전직을 회복"(창 40:13)시킬 것이라고 해석했다. 그리고 그에게 "당신이 잘되시거든 나를 생각하고 내게 은혜를 베풀어서 내 사정을 바로에게 아뢰어 이 집에서 나를 건져 주소서 나는 히브리 땅에서 끌려온 자요 여기서도 옥에 갇힐 일은 행하지 아니하였나이다"(창 40:14-15)라고 간절하게 부탁했다. 요셉은 이 꿈을 통해서 하나님이 자신의 길을 형통하게 하실 줄로 기대했을 것이다. 그러나 안타깝게도 그의 바람은 만 2년이 지나서 그의 나이가 서른이 될 때까지 이루어지지 않았다(창 41:46 참조).[3] 그러나 두 관원장의 꿈은 의미가 있었다. 그들 개인적으로도 의미가 있었을 뿐 아니라 이후 요셉이 바로 왕에게 꿈 해석자로 서게 되는 발판이 되었다는 점에서 더욱 의미가 있었다.

떡 굽는 관원장도 술 맡은 관원장의 꿈의 "해석이 좋은 것을 보고" 요셉에게 자신의 꿈 이야기를 했다. 떡 맡은 관원장의 꿈은 흰 떡 세 광주리가 그의 머리 위에 있었고, 맨 위의 광주리에 바로를 위하여 만든 각종 구운 음식이 있었는데, 새들이 그 음식을 먹는 모습으로 표현되었다(창 40:9-17). 요셉은 세 광주리가 역시 사흘이라고 해석하면서 "지금부터 사흘 안에 바로가 당신의 머리를 들고 당신을 나무에 달리니 새들이 당신의 고기를 뜯어먹으리이다"(창 40:19)고 했다. 떡 굽는 관원장이 느꼈을 공포를 추측하는 것은 어렵지 않다. 이 파국적이며 부정적인 해석을 두려워하지 않고 말한 요셉의 담대함도 놀랍다. 보통 사람 같으면 모르는 것이 좋다고 하면서 얼버무렸을 것이다. 그러나 요셉은 두려워하지 않고 진실하게 말해 주었다. 3일 동안 그 관원장이 겪었을 두려움과 공포는 극심했을 것이다. 사형수가 자신의 죽음을 당일에 알아도 힘든데 이 관원장은 사흘 전에 알았으니 그동안 죽은 것이나 진배없었을 것이다.

●

3 내가 1980년대 초반에 신학대학원에서 공부할 때 가르치셨던 고 김희보 교수의 말씀이 기억난다. 당시 애굽의 정치 문화에서 공직에서 일하는 최소의 나이가 30세였다면서 만일 요셉이 30세가 되기 전에 바로에게 불려 가 꿈 해석을 했다면 총리직을 수행할 수 있는 합법적인 나이가 아니므로 총리직에 오르기 어려웠을 것이라고 말씀하셨다.

3일째 되던 날은 바로의 생일이었다. 바로가 모든 신하들을 불러 잔치를 베풀고 그 자리에 두 관원장을 불러 머리를 들게 하고는 요셉이 꿈을 해석한 대로 한 사람은 복직시키고 한 사람은 사형시켰다. 그런데 안타깝게도 "술 맡은 관원장이 요셉을 기억하지 못하고 그를 잊었"다(창 40:23). 꿈을 꾸고 나면 꿈 내용이 완전히 의식세계에서 사라지는 것이 보통인데, 술 맡은 관원장은 마치 요셉을 만나고 그에게 꿈 해석을 듣고 더 나아가 자기가 죄를 지어 옥에 갇힌 일을 꿈을 꾼 것처럼 완전히 잊어버렸다. 여기에는 하나님의 놀라운 섭리가 숨겨져 있었다. 요셉을 통해 야곱의 식구들이 애굽에 정착하여 살게 된 뒤 큰 민족을 이뤄 출애굽의 역사를 이루려는 하나님의 큰 계획을 위하여 요셉의 간청은 이때 잊혀야 했다. 요셉은 단지 감옥에서 나가 자유민으로서 살아가는 수준의 인생을 살 인물이 아니었던 것이다. 인간적으로는 너무 섭섭했겠지만 "거절하신 것 감사"라고 고백할 수 있는 날이 오기까지 그는 더 기다려야 했다.

당신의 인생 여정에서도 하나님의 응답이 더디거나 아예 없는 것처럼 느껴지는 기도 제목이 있을 것이다. 그런데 당신의 생각과 하나님의 생각은 다르다. 이 사실을 기억할 때 낙심하지 않고 기다릴 수 있다.

술 맡은 관원장이 복직된 후 만 2년이 지난 어느 날 바로가 꿈을 연달아 꾸었다. 상징은 달랐지만 주제는 비슷했다. 꿈을 꾸고 난 후 바로는 "마음이 번민하여" 애굽의 점술가들과 현인들을 불러 자신의 꿈을 애기했으나 "해석하는 자가 없"었다(창 41:8). 왜냐하면 하나님이 바로의 정신세계에 개입하여 꿈꾸도록 하셨기 때문이다. 요셉의 꿈 해석을 이미 알고 있는 우리로서는 그 꿈이 그렇게까지 난해해 보이지 않는다. 하지만 애굽의 어떤 해몽가도 바로의 꿈을 능히 해석하지 못했다. 잘못 해석했다가는 목숨이 위태로울 수 있으므로 감히 나서지 못했던 것이다.

이 불안한 상황에서 놀랍게도 술 맡은 관원장의 뇌가 작동했다. 만 2년 전에 자신의 꿈을 해석해 준 요셉을 기억해 낸 것이다(창 41:9-13 참조). 그동안 완전히 무의식의 세계로 가라앉았던 사건이 그제야 기억났다는 것은 하나님의 역사였다. 하나님은 인간의 의식세계뿐 아니라 무의식 세계에도 당신의 주권을 행사하시는 분이다.

술 맡은 관원장을 통해 자유의 몸이 될 수 있으리라는 기대감이 거의 사라졌을 무렵 요셉에게 전혀 상상치도 않던 기회가 찾아왔다. 그는 옥에서 바로의 부름을 받고 "수염을 깎고 그의 옷을 갈아입고"(창 41:14) 바로 앞으로 인도되었다. 바로가 그에게 "들은즉 너는 꿈을 들으면 능히 푼다 하더라"고 말했을 때 요셉은 "내가 아니라 하나님께서 바로에게 편안한 대답을 하시리이다"(창 41:15, 16)고 하나님 중심적인 그의 태도를 침착하게 드러냈다. 과연 바로의 꿈을 제대로 해석할 수 있을까, 요셉도 불안하기는 마찬가지였을 것이다. 그럼에도 요셉은 그가 섬기는 하나님이 꿈을 통해서 역사를 이끌어 가시는 분임을 인식했고 그것을 잘 표현했다. 그리고 요셉은 놀랍게도 꿈을 듣자마자 자신 있게 해석하기 시작했다: "바로의 꿈은 하나라 하나님이 그가 하실 일을 바로에게 보이심이니이다"(창 41:25). 그 꿈은 애굽에 7년의 풍년과 7년의 흉년이 올 것이라는 하나님의 '계시적인' 꿈이라고 해석한 것이다. 이 꿈은 바로가 미래를 걱정하던 중에 자신의 불안이 상징으로 드러난 꿈이 아니었다. 그는 불안을 전혀 감지하지 못하고 있었다. 그러나 하나님은 애굽과 주변 국가들의 백성을 기근에서 구원하시고 더 나아가 야곱의 가족들을 언약 백성으로서 기근 중에 신실하게 보호하고 애굽까지 인도하기 위해 이 꿈과 미래를 주관하셨다.

엘리후는 욥에게 "하나님은 불안하게 하거나 두렵게 하는 꿈을 통해서 경고하시는 분"이라고 말했다: "하나님은 한 번 말씀하시고 다시 말씀하시되 사람은 관심이 없도다 사람이 침상에서 졸며 깊이 잠들 때에나 꿈에나 밤에 환상을 볼 때에 그가 사람의 귀를 여시고 경고로써 두렵게 하시니 이는 사람에게 그의 행실을 버리게 하려 하심이며 사람의 교만을 막으려 하심이라 그는 사람의 혼을 구덩이에 빠지지 않게 하시며 그 생명을 칼에 맞아 멸망하지 않게 하시느니라"(욥 33:14-18).

융 분석가인 존 샌포드(John Sanford)는 그의 책 《꿈: 하나님의 잊혀진 언어》(대한기독교서회 역간)에서 오늘날 기독교인들의 삶에서 꿈이 많이 무시되고 있음을 아쉬워했다. 꿈은 인간의 정신세계가 작용하는 채널이며 여전히 하나님이 긴급한 상황에서 그의 자녀를 인도하기 위해 경고의 방법으로 사용하신다는 점을 인식할 필요가 있다. 꿈도 당신 삶의 일부다. 당신의 정신세계가 어떻게 작동하는지를 알기 위해 꿈에 관심을 갖는 것은 심리적으로나 영적으로 성장하는 데 유익하다. 그러나 그것에 지나치게 집착하거나 매이는 것은 비성경적이다. 성경보다 꿈에 더 관심이 있다면 위험하다: "여호와의 말씀이니라 꿈을 꾼 선지자는 꿈을 말할 것이요 내 말을 받은 자는 성실함으로 내 말을 말할 것이라 겨가 어찌 알곡과 같겠느냐"(렘 23:28); "여호와의 말씀이니라 보라 거짓 꿈을 예언하여 이르며 거짓과 헛된 자만으로 내 백성을 미혹하게 하는 자를 내가 치리라 내가 그들을 보내지 아니하였으며 명령하지 아니하였나니 그들은 이 백성에게 아무 유익이 없느니라"(렘 23:32).

불안한 꿈이 의식적으로는 인식하지 못하지만 무의식적으로 불안을 감지하여 파국적인 행동이나 상황에 빠지지 않도록 조심하게 만들어 줄 수 있다. 공군 전투기 조종사들이 불안한 꿈을 꾸는 날은 비행기를 타지 않으려는 것도 예기불안의 경고음에 귀를 기울이는 지혜일 수 있다. 그러나 반대로 자신의 불안 때문에 불안한 꿈을 꾸고 회피하는 반응을 보이는 것은 신경증적이며 미성숙한 행동이다.

목사들이 미처 인식하지 못했던 불안이 꿈에서 상징적으로 드러날 때가 있다. 예를 들면, 설교를 하려는데 설교 원고가 뒤죽박죽 섞여 있거나 설교 내용과 다른 원고가 있거나 중간에 페이지가 빠져 있어서 당황하며 횡설수설하는 꿈이다. 또는 투명한 유리로 된 강단에 섰는데 상의는 입고 있는데 하의를 입고 있지 않아서 당황하는 꿈이다. 이런 꿈들은 자신의 불안 상태를 자각하는 데 도움을 준다. 불안에 대처하는 힘이 생기고 성숙해지는 과정에서 꿈의 내용도 바뀐다. 예를 들면, 설교 원고가 없어서 일시적으로 당황하지만 원고 없이 설교를 잘해 내는 꿈을 꾸는 식이다.

직종에 따라서도 불안과 관련된 꿈을 꿀 수 있다. 오르가니스트가 발 페달을 밟아야 하는데 진흙이 가득 차 있어서 제대로 연주를 못하는 꿈을 꾸기도 하고 택시 운전사들은 교통사고를 내는 꿈을 꾸기도 한다. 직업과 관련된 불안이 무의식 세계에 깔려 있음을 보여 주는 꿈이다.

이 장에서는 불안과 두려움과 관련성이 있는 방어 기제들과 심리적 결과에 대해서 살펴보았다. 눈에 보이지 않게 일어나는 역동성을 좀 더 인식함으로써 불안과 두려움에 대하여 이전보다 성숙하게 대처하며 극복할 수 있는 지혜를 갖게 되길 바란다. 다음 장부터는 불안과 두려움에 대처하는 구체적인 방안들을 살펴볼 것이다.

chapter 6

지금 나에게
가장 필요한 한 가지

불안과 두려움 대처하기 1

　앞에서 살펴보았듯이, 불안과 두려움의 순기능, 즉 불안과 두려움이 반드시 피해야 할 감정이 아님을 아는 것만으로도 불안의 수준을 낮추는 데 도움이 된다. 순기능은 잘 활용하고 역기능은 잘 극복하는 것이 비둘기같이 순결하면서도 뱀처럼 지혜롭게 세상을 사는 성도의 지혜다.

　이 장부터는 주로 역기능적인 불안과 두려움을 대처하는 방안에 대해서 다룰 것이다. 불안과 두려움에 대처하려면 특별은총 영역의 '신적' 지혜가 필요하다. 그것은 하나님과 연결 짓기 하는 지혜다. 아울러 일반은총 영역의 '보편적' 지혜도 필요하다. 보편적 지혜로서 사용될 수 있는 방법은 불안장애를 치료하는 데 임상 효과가 있는 상담 기법이나 지식을 사용하는 것을 포함한다. 과도한 불안이나 두려움으로 일상생활을 하기가 어려운 성도들의 경우 정신과 의사의 약 처방을 받는 것을 포함한다. 운동요법, 음악치료, 독서

치료, 식이요법, 호흡법 등의 방법들도 역기능적인 불안과 두려움을 대처하는 데 도움을 줄 수 있다. 이 부분에 대해서는 거의 다루지 않았다. 이 책의 초점이 아니기 때문이다.

나는 불안과 두려움을 긍정적으로 이해하고 필수적인 것으로 해석해서 당신 삶에서 영적 성장이 일어나고 심리적 변화가 일어나는 데 성경이 말하는 '신적' 지혜를 활용해야 한다고 주장하고 싶다. 아울러 역기능적인 불안과 두려움을 대처하는 데 있어서도 성경이 말하는 '지혜와 명철'을 사용해야 한다고 강조하고 싶다. 불안과 두려움을 대처하는 데 도움을 주는 '보편적' 지혜에 대해서는 이미 다양한 방법들이 제시되어 있으니 지혜롭게 잘 활용하기 바란다.

1 당신 인생의 주권은 하나님께 있다

당신의 생사화복이 하나님의 주권(sovereignty) 아래 있음을 신뢰할 때 두려움은 사라질 것이다. 하나님이 허락하지 않으시면 아무 일도 일어나지 않음을 당신이 믿으면 안심할 수 있다. 당신의 죽음의 양상조차 하나님의 큰 그림 속에 들어 있다. 당신 삶의 시작과 과정과 종결은 하나님과 연결되어 있다.

'모세의 노래'를 통해 하나님은 자신의 주권성을 다음과 같이 계시하셨다: "나 외에는 신이 없도다 나는 죽이기도 하며 살리기도 하며 상하게도 하며 낫게도 하나니 내 손에서 능히 빼앗을 자가 없도다"(신 32:39). 당신 삶의 생사화복이 하나님의 주권과 통치에서 벗어나지 않는다는 사실을 명심하라.

사무엘서 기자는 사울이 다윗을 죽이려고 "매일 찾되 하나님이 그를 그의 손에 넘기지 아니하시니라"(삼상 23:14)고 했다. 때때로 위급한 상황이 있었지만 그때마다 하나님은 다윗을 보호하셨다. 다윗은 사울에게 죽을 사람이 아니었다. 하나님은 구원 역사에서 다윗을 쓰시는 놀라운 계획을 설계하셨다. 따라서 사울 왕이 군대를 동원해서 다윗을 추격하고 죽이려 했지만 하나님의 손에서 다윗의 목숨을 앗아 갈 수는 없었다.

다윗은 압살롬의 추격을 피해 도망가야 하는 두려운 상황에서도 "천만인이 나를 에워싸 진 친다 하여도 나는 두려워하지 아니하리이다"(시 3:6)라고 고백했다. "여호와께서 나를 붙드"(시 3:5)시기 때문이다. 하나님의 손이 그를 붙들고 지탱하는 한 그 두려운 상황에서도 평소와 같이 잠을 잘 수 있었다: "내가 누워 자고 깨었으니"(시 3:5); "내가 평안히 눕고 자기도 하리니 나를 안전히 살게 하시는 이는 오직 여호와이시니이다"(시 4:8).

불안하면 정신적으로 각성이 되어 잠을 잘 수가 없다. 수면장애가 생긴다. 깊은 잠을 잘 수가 없다. 악순환이 될 수 있다. 그러나 오직 하나님만이 생사화복을 주관하시는 분이라는 것을 믿고 신뢰하면 생명의 위협 앞에서도 단잠을 잘 수 있다.

압살롬은 피난을 떠난 아버지 다윗을 어떻게 추격할 것인지를 놓고 계략을 세우는 과정에서 다윗을 배신한 전략가이자 모사였던 아히도벨의 계략보다 한때 다윗의 신하였던 후새의 계략을 더 좋게 여겼다(삼하 17:1-14 참조). 만약 그가 아히도벨의 계략을 선택했다면 다윗과 그를 따르는 무리들은 일망타진되었을 것이다. "그때에 아히도벨이 베푸는 계략은 사람이 하나님께 물어서 받은 말씀과 같은"(삼하 16:23) 권위 있는 것이었음에도 불구하고 압살롬은 후새의 제안을 더 설득력 있는 것으로 여겼다. 사무엘하 기자는 "이는 여호와께서 압살롬에게 화를 내리려 하사 아히도벨의 좋은 계략을 물리치라고 명령하셨음이더라"(삼하 17:14)라고 서술하고 있다. 하나님은 일촉즉발의 위기 상황에서 압살롬의 생각에 역사하심으로써 다윗의 생명을 보호하셨다. 오래전에 아비가일이 다윗을 향하여 표현한

대로 하나님은 신실하게 다윗을 지켜 주셨다: "사람이 일어나서 내 주를 쫓아 내 주의 생명을 찾을지라도 내 주의 생명은 내 주의 하나님 여호와와 함께 생명 싸개 속에 싸였을 것이요 내 주의 원수들의 생명은 물매로 던지듯 여호와께서 그것을 던지시리이다"(삼상 25:29).

동식물과 인간의 생로병사가 다 하나님의 주권 아래 있다는 사실을 인정할 때 당신은 죽음조차 겸손하게 두려움 없이 수용할 수 있다. 흙에서 취함을 받았으니 흙으로 돌아가는 존재임을 인정하면 죽지 않으려고 지나치게 불안해하며 발버둥치지 않는다. 욥은 트라우마 상황에서도 하나님의 주권성을 높였다: "모태에서 알몸으로 나왔사온즉 또한 알몸이 그리로 돌아가올지라 주신 이도 여호와시요 거두신 이도 여호와시오니 여호와의 이름이 찬송을 받으실지니이다"(욥 1:21).

하나님은 이사야를 통해 다음과 같이 자신을 계시하셨다: "나는 빛도 짓고 어둠도 창조하며 나는 평안도 짓고 환난도 창조하나니 나는 여호와라 이 모든 일들을 행하는 자니라"(사 45:7). 하나님은 어둠과 환난도 창조하시는 분이다. 따라서 당신이 불안해하고 두려워하는 일조차 하나님과 연결되어 있다. 하나님은 선하시며 그가 하시는 일은 선하다. 하나님을 신뢰함으로 불안과 두려움을 적극적으로 물리치라.

하나님은 폭풍을 일으키시며 또한 폭풍을 잠잠케 하신다: "나는 네 하나님 여호와라 바다를 휘저어서 그 물결을 뒤흔들게 하는 자이니 그의 이름은 만군의 여호와니라"(사 51:15). 예수님의 제자들은 갈릴리 바다에서 폭풍을 만나 배가 거의 잠기게 되었을 때 생명의 위협을 느끼고 두려워했다. 그때 예수님은 바람과 바다를 향하여 꾸짖으셨다. 놀랍게도 바람과 바다가 순종했다. 이 사건을 통해 주님은 자신이 신성을 가진 하나님임을 계시하셨다. 예수님의 제자들이 만난 폭풍은 예수님의 신성을 깨닫는 계기가 되었다. 그런데 만약 그들이 탄 배에 폭풍도 잠잠하게 하실 수 있는 능력의 하나님이 타고 있다는 사실을 알고 있었다면 그들은 두려워하지 않았을 것이다. 일시적으로는 두려워했겠지만 말이다.

하나님과 연결된 당신은 하나님의 사랑을 받는 자다. 예수 그리스도의 사랑을 받는 자다. 사도 바울은 당신을 구원하시는 구주 예수 그리스도의 주권성과 사랑을 연결하여 이해했다: "누가 우리를 그리스도의 사랑에서 끊으리요 환난이나 곤고나 박해나 기근이나 적신이나 위험이나 칼이랴"(롬 8:35). 바울이 언급한 환난, 곤고, 박해, 기근 등은 우리에게 불안과 두려움을 야기한다. 그러나 하나님의 자녀들이 이 불안과 두려움에 엄몰당하지 않을 수 있는 것은 그리스도의 사랑의 능력과 주권성 때문이다. 바울은 이 사실을 강조하였다: "내가 확신하노니 사망이나 생명이나 천사들이나 권세자들이나 현재 일이나 장래 일이나 능력이나 높음이나 깊음이나 다른 어떤 피조물이라도 우리를 우리 주 그리스도 예수 안에 있는 하나님의 사랑에서 끊을 수 없으리라"(롬 8:38-39).

그렇다. 당신을 향한 하나님의 사랑을 끊어 낼 것은 그 어디에
도 없다. 하나님의 사랑에서 끊어지지 않으면 당신이 설령 죽어도
유익하고 감사한 일이다. 죽으면 영원한 천국에서 살기 때문이다.
당신이 죽음의 공포를 극복하면 궁극적으로 당신을 두렵게 할 그
무엇도 없다. 그리고 죽고자 하면 산다.

2 하나님은 모든 것을 아신다

당신이 어려운 상황에 치해 불안과 두려움으로 고통스러워할
때 하나님이 과연 당신의 상황에 대해 알고 계시며 보고 계실까, 의
심할 때가 있을 것이다. 기도해도 들으실까, 믿음이 약해질 때가 있
을 것이다.

하나님은 그럴 때마다 당신에게 다음과 같이 논박(論駁)하신
다: "야곱아 어찌하여 네가 말하며 이스라엘아 네가 이르기를 내 길
은 여호와께 숨겨졌으며 내 송사는 내 하나님에게서 벗어난다 하
느냐"(사 40:27). 그리고 "귀를 지으신 이가 듣지 아니하시랴 눈을 만
드신 이가 보지 아니하시랴"(시 94:9)고 논박하신다. 그렇다. 하나님
은 당신의 모든 것을 보고, 알고, 듣고 계신다. 하나님의 GPS(Global
Positioning System)가 당신이 어디에 가든지, 어디에서 무엇을 하든지
동행한다. 하나님은 당신의 일거수일투족을 감찰하신다.

시편 기자는 하나님의 전지성과 당신을 향한 그의 관심을 잘 표현했다: "주께서 내가 앉고 일어섬을 아시고 멀리서도 나의 생각을 밝히 아시오며 나의 모든 길과 내가 눕는 것을 살펴보셨으므로 나의 모든 행위를 익히 아시오니 여호와여 내 혀의 말을 알지 못하시는 것이 하나도 없으시니이다 주께서 나의 앞뒤를 둘러싸시고 내게 안수하셨나이다 이 지식이 내게 너무 기이하니 높아서 내가 능히 미치지 못하나이다"(시 139:2-6). 하나님이 당신 앞에서 행하시며 뒤에서 보호하신다. 시편 139편 5절의 '둘러싸시고'(hem)라는 단어의 이미지는 아기를 담요로 꼭 싸서 품는 엄마의 행동을 연상시킨다.

하나님은 역사적으로 자기 백성을 이처럼 보호하신 것을 선명하게 보여 주신 적이 있다. 이스라엘 백성은 홍해를 앞에 두고 뒤에서 추격해 오는 애굽 군대를 보며 공포감에 휩싸여 있었다. 그때 하나님은 애굽 군대와 이스라엘 백성 사이에서 보호막을 형성하셨다: "이스라엘 진 앞에 가던 하나님의 사자가 그들의 뒤로 옮겨 가매 구름 기둥도 앞에서 그 뒤로 옮겨 애굽 진과 이스라엘 진 사이에 이르러 서니 저쪽에는 구름과 흑암이 있고 이쪽에는 밤이 밝으므로 밤새도록 저쪽이 이쪽에 가까이 못하였더라"(출 14:19-20). 그리고 하나님은 이스라엘 백성 앞에서 밤새도록 큰 동풍이 불도록 하셔서 바닷물이 물러가게끔 역사하셨다. 백성이 마른 땅같이 지나가도록 바다에 길을 내셨다.

하나님은 모든 것을 아신다. 하나님이 모르시는 것은 없다. 하나님의 지혜는 인간의 지혜보다 훨씬 크고 깊고 넓다. 하나님의 사랑도 그 너비와 길이와 깊이와 높이를 측량할 수 없다(엡 3:19 참조).

아홉 번이나 반복해서 불순종하는 바로 왕을 향한 하나님의 마지막 심판은 애굽에 있는 모든 생물의 첫 소생을 다 죽이는 것이었다. 첫 유월절 밤에 하나님은 어린 양의 피가 문설주와 인방에 칠해지지 않은 모든 애굽인들의 집에서 장자와 가축들의 처음 난 것들을 다 죽이셨다. 이로 인해 "애굽에 큰 부르짖음이 있었"(출 12:30)다. 그러나 이스라엘 백성은 불안과 두려움 속에서도 안심하며 그 밤을 보낼 수 있었다. 하나님에게는 빛과 어두움의 구별이 없었다. 놀랍게도 여호와 하나님은 애굽의 집집마다 누가 장자인지를 다 알고 계셨다. 짐승들도 처음 난 것을 다 구별해서 아셨다. 첫째가 아닌 것은 그 밤에 단 하나도 죽지 않았다. 정말 놀라운 지식이 아닌가? 하나님은 이스라엘 백성만 아시는 분이 아니라 수많은 애굽 백성의 가정의 형제 순위까지 정확하게 알고 계셨던 것이다. 하나님은 그 어두운 밤에도 장자들과 첫 태생 짐승들을 정확히 찾아내어 심판을 행하셨다.

예수님은 하나님의 전지하심에 대해서 언급할 때 자기 백성의 머리털까지도 다 세신 바 되었다고 비유를 들어 말씀하셨다(마 10:30 참조). 믿어지지 않는 하나님의 속성이다. 당신의 머리가 아니라 성경 말씀을 믿으라. 하나님은 거짓말하는 분이 아니다. 하나님의 이 놀라운 전지성에 대한 지식과 믿음은 불안과 두려움에 고통받는 당신에게 큰 위로가 될 수 있다. 당신이 불안이나 두려움의 상황에 처해 있을 때 하나님이 그 모든 상황을 잘 알고 계신다는 사실 자체가 힘이 된다.

3 하나님의 전능성을 믿으라

하나님은 누구도 상상하지 못하는 방식으로 진퇴양난에 빠진 이스라엘 백성에게 구원의 길을 열어 주셨다. 밤새도록 바람이 불어 바닷물이 물러가게 하심으로써 20세 이상의 남자들만 60만 명을 헤아리는 이스라엘 백성이 바다를 육지처럼 건너는 기적을 체험하게 하셨다.

이스라엘 백성은 홍해를 건너는 기적을 체험했음에도 불구하고 광야에서 목이 마를 때 불안과 두려움을 느꼈다. 그래서 하나님께 불평하고 모세를 원망했다. 하나님은 모세를 통해서 반석에서 샘이 터지게 하여 그들의 갈증을 해결해 주셨다. 그런 능력의 하나님을 경험하면 그들의 굶주림도 하나님이 해결해 주실 수 있으리라는 사실을 연결 지어 믿어야 했다. 그러나 그들은 안타깝게도 그렇게 하지 못했다. 그들은 "하나님을 대적하여 말하기를 하나님이 광야에서 식탁을 베푸실 수 있으랴 보라 그가 반석을 쳐서 물을 내시니 시내가 넘쳤으나 그가 능히 떡도 주시며 자기 백성을 위하여 고

기도 예비하시랴"(시 78:19-20)고 하나님의 능력을 의심했다. 물은 내실 수 있을지 모르지만 200만 명이 넘는 무리에게 먹을 것을 공급하실 수는 없을 것이라는 생각이었다. 그것은 그들의 믿음의 분량을 훨씬 넘어서는 것이었다. 그들은 하나님을 믿지 못했을 때 닥친 위기 앞에서 두려움에 빠졌고 분노했다.

아람 군대에게 포위되어 있던 사마리아 성이 굶주림으로 아비규환이 되었을 때 하나님이 엘리사를 통해서 하신 말씀, 즉 "내일 이맘때에 사마리아 성문에서 고운 밀가루 한 스아를 한 세겔로 매매하고 보리 두 스아를 한 세겔로 매매하리라"(왕하 7:1)는 말씀을 군대장관은 믿을 수 없었다. "여호와께서 하늘에 창을 내신들 어찌 이런 일이 있으리요"(왕하 7:2). 군대장관의 이 같은 말은 이스라엘 백성이 광야에서 하나님의 능력을 의심한 것과 같은 것이었다. 이때 엘리사는 그에게 "네가 네 눈으로 보리라 그러나 그것을 먹지는 못하리라"(왕하 7:2)고 말했다. 엘리사의 말대로 그는 아람 군대가 그냥 두고 도망간 진에서 발견된 풍부한 양식을 차지하기 위해 성문을 밀치며 나간 백성의 발에 밟혀 죽고 말았다(왕하 7:17, 20).

아삽의 시에서 표현된 것처럼 하나님은 이스라엘 백성이 상상하지 못했던 방법으로 광야에서 식탁을 베푸셨다: "그가 위의 궁창을 명령하시며 하늘 문을 여시고 그들에게 만나를 비같이 내려 먹이시며 하늘 양식을 그들에게 주셨"(시 78:23-24)다. 하나님은 광야에서 그들이 기경하지도 않았으며 저장하지도 않았던 양식을 40년 동안 일관되게, 신실하게 공급해 주셨다. 하늘 창고에서 양식을 주실 것이라고 누가 상상이나 했겠는가? 오늘도 하나님은 풍성한 하늘 창고를 여시고 당신의 기도에 응답하신다. 당신이 상상할 수 없는 방식으로 응답하시는 하나님을 믿으라.

광야 생활 중에 고기를 먹지 못한다고 울며 불평하는 이스라엘 백성에게 하나님은 "너희의 몸을 거룩히 하여 내일 고기 먹기를 기다리라"(민 11:18)고 말씀하셨다. 그러자 모세조차 이 약속을 믿을 수 없어 하나님께 되물었다: "함께 있는 이 백성의 보행자가 육십만 명이온데 주의 말씀이 한 달 동안 고기를 주어 먹게 하겠다 하시오니 그들을 위하여 양 떼와 소 떼를 잡은들 족하오며 바다의 모든 고기를 모은들 족하오리이까"(민 11:21-22). 모세의 논박은 이성적이며 합리적이었다. 약 200만 명으로 추정되는 백성에게 한 달간 고기를 먹게 하시겠다는 하나님의 말씀은 비이성적이며 초이성적인 것이었다. 이때 하나님은 너무나 멋진 대답을 하셨다: "여호와의 손이 짧으냐 네가 이제 내 말이 네게 응하는 여부를 보리라"(민 11:23). 그렇다. 여호와의 손은 능력을 베푸는 손이다.

하나님은 광야에서 샘이 터지게 하신 분이다. 심지도 않고 거두지도 않은 양식을 하늘에서 공급하신 분이다. 광야에 대로가 열리게 하신 분이다. 광야에서 화초를 피우신 분이다. 당신이 상상할 수 없는 기적을 불안하고 두려운 상황에서 능히 행하시는 분이다. 하나님의 손은 크고 넓고 길고 강하다. 그의 크신 능력의 손을 의지하면 불안과 두려움이 물러간다.

하나님은 당신의 이해력과 상상력을 뛰어넘는 방법으로 "기가 막힐 웅덩이와 수렁"에서 구원하여 당신의 발을 반석에 딛게 하실 수 있는 전능자시다(시 40:2 참조). 기가 막히면 죽는다. 기가 막힐 상황에서, 즉 죽을 수밖에 없는 상황에서 하나님은 기적적인 방법으로 다니엘과 세 친구들을 구원하셨다. 또한 "자신이 사형 선고를 받을 줄 알았"던 바울 사도를 "큰 사망에서… 건지셨"(고후 1:9, 10)다.

헤롯 왕은 요한의 형제 야고보를 잡아 칼로 죽였고 베드로도 잡아서 유월절이 지난 후에 백성 앞에 끌어내 죽이려고 했다. 그런데 그 전날 밤에 "두 쇠사슬에 매여"(행 12:6) 잠이 든 베드로를 하나님은 기적적으로 구출하셨다. 전혀 예상치 않은 시간에 "홀연히 주의 사자가 나타나매 옥중에 광채가 빛나며" 천사는 베드로의 옆구리를 쳐서 깨웠다. 베드로는 "쇠사슬이 그 손에서 벗어지"며 첫째와 둘째 파수꾼들을 통과하여 "시내로 통한 쇠문에 이르니 문이 저절로 열리는"(행 12:10) 기적을 경험했다. 베드로가 "생시인 줄 알지 못하고 환상을 보는가"(행 12:9) 할 정도였다.

야고보가 칼로 죽임을 당할 때 하나님은 침묵하셨다. 그러나 베드로는 기적적으로 살려 내셨다. 왜 야고보는 죽임을 당하도록 허락하시고 베드로는 기적적으로 살려 내셨을까? 성경은 이 점에서 침묵한다. 하나님의 주권적인 섭리라고밖에 말할 수 없다. 분명한 것은 어떤 경우에도 야고보와 베드로는 하나님과 연결된 자들이었다는 사실이다. 죽음의 두려움을 극복한 자들은 죽어도 좋고 살아도 좋다. 오순절 성령 체험을 한 야고보와 베드로는 죽음에 좌우되지 않는 자들이다. 죽음이 두려웠다면 사형을 앞둔 전날 밤에 베드로는 잠을 잘 수 없었을 것이다. 그는 '자는' 중에 구조되었다. 사탄은 죽음의 공포를 극복한 성도들을 감당할 수 없다.

당신이 경험하는 불안과 두려움을 전능하신 하나님과 연결지으라. 빛이 들어오면 어두움은 사라진다. 마찬가지로 전능하신 하나님에 대한 지식과 믿음의 빛이 당신의 마음을 조명하면 불안과 두려움은 맥을 못 춘다.

"죽은 자를 다시 살리시는 하나님"과 부활하신 예수님과 당신의 삶을 연결 짓기를 할 때 죽음의 공포는 물러간다. 불안과 두려움은 대부분 죽음과 연결되어 있다. 죽지 않으려 하기 때문에 불안과 두려움을 느끼는 것이다. 죽음을 각오하면 불안과 두려움은 거짓말처럼 사라진다. "나는 부활이요 생명이니 나를 믿는 자는 죽어도 살겠고 무릇 살아서 나를 믿는 자는 영원히 죽지 아니하리니 이것을 네가 믿느냐"(요 11:25-26)고 물으시는 예수님 앞에서 "주여 그러하외다" 고백하는 자에게 두려움은 더 이상 힘을 발휘할 수 없다.

당신의 삶 가운데 바다에서 길이 열리는 경험을 해 본 적이 있는가? 나는 그런 기적적인 경험을 여러 번 해 보았다. 혹시 현재 홍해와 같은 난관을 앞에 두고 있는가? 난관 때문에 낙심하거나 포기하지 말라. 난관보다 더 크신 하나님의 능력을 믿고 고백하라. 광야에서 샘이 솟고 바다에 길이 나며 요단강 물이 갈라진 것은 역사적 사실이다. 기적 같은 하나님의 역사하심이 오늘도 믿음의 사람들의 삶에서 일어난다.

4 하나님은 무소부재하시다

시편 139편을 쓴 시인은 하나님의 무소부재성과 전지성을 잘 표현했다: "내가 주의 영을 떠나 어디로 가며 주의 앞에서 어디로 피하리이까 내가 하늘에 올라갈지라도 거기 계시며 스올에 내 자리를 펼지라도 거기 계시니이다 내가 새벽 날개를 치며 바다 끝에 가서 거주할지라도 거기서도 주의 손이 나를 인도하시며 주의 오른손이 나를 붙드시리이다"(시 139:7-10). 시인의 표현처럼 당신도 "이 지식이 내게 너무 기이하니 높아서 내가 능히 미치지 못하나이다"(시 139:6)라고 고백할 수밖에 없다. 이 신학적 진리를 자주 의식화하라. 그리고 그 진리를 기도와 찬양을 통해 입술로 고백하라.

하나님은 형 에서의 위협을 피해 도망가는 야곱의 꿈에 나타나서 약속하셨다: "내가 너와 함께 있어 네가 어디로 가든지 너를 지키며 너를 이끌어 이 땅으로 돌아오게 할지라"(창 28:15). 야곱은 잠에서 깨어 "여호와께서 과연 여기 계시거늘 내가 알지 못하였도다"(창 28:16)라고 하나님의 편재성을 고백했다. 하나님은 여호수아

에게 약속하셨다: "강하고 담대하라 두려워하지 말며 놀라지 말라 네가 어디로 가든지 네 하나님 여호와가 너와 함께하느니라"(수 1:9). 이 약속은 야곱과 여호수아에게만 한 것이 아니다. 당신에게도 하신 동일한 약속이다. 믿어도 된다.

하나님이 당신의 머리에 심어 놓은 보이지 않는 칩이 있다. 당신이 구원받은 자임을 성령께서 '인치신'(sealed) 표식이다(엡 1:13 참조). 당신이 어디를 가든지 무엇을 하든지 하나님의 GPS가 계속 작동하고 있음을 기억하라.

5 하나님은 늘 동행하시는 분이다

예측할 수 없는 인생 여정에서 당신은 혼자가 아니다. 보이지 않는 하나님이 반드시 함께하신다. 당신이 어디로 가든지 하나님은 이미 그 길을 예비하시고 동행하신다.

하나님과 함께하면 두렵지 않다. 요셉의 삶이 대표적인 예다. 요셉은 애굽 바로의 시위대장인 보디발의 집에서 주인의 전적인 신임을 받았다. 그는 미래가 불투명한 불안한 처지에서 "여호와께서 요셉과 함께하심으로" 범사에 형통한 자가 되었다(창 39:2, 3 참조). 애굽인 보디발의 눈에도 하나님이 요셉과 함께하시며 그를 형통하게 하시는 것이 보였다(창 39:3 참조). 그래서 요셉은 보디발에게 "은혜를 입어" 그의 모든 소유를 주관하는 책임을 위임 받았다. 보디발은 요셉에게 자기의 권한을 위임한 것에 대해 전혀 의심할 필요를 느끼지 못했다.

요셉이 감옥에 투옥되었을 때도 "여호와께서 요셉과 함께하시고 그에게 인자를 더하"셨다(창 39:21). 놀랍게도 간수장이 "옥중 죄수를 다 요셉의 손에 맡기므로 그 제반 사무를 요셉이 처리"하는 놀라울 정도의 신뢰를 한 몸에 받았다(창 39:22). 외국인이자 종인 요셉에게 간수장이 "그의 손에 맡긴 것을 무엇이든지 살펴보지 아니하였"던 것은 하나님이 함께하셨기 때문이다(창 39:23). 창세기 기자인 모세는 "이는 여호와께서 요셉과 함께하심이라 여호와께서 그를 범사에 형통하게 하셨"기 때문이라고 기록했다(창 39:23).

야곱이 두려워할 때 하나님은 그에게 꿈으로, 환상으로 나타나서 그와 동행하고 있음을 말씀해 주시고 격려해 주셨다. 형을 피해 도망가던 중 벧엘 들판에서 돌베개를 하고 잠자는 야곱의 꿈에 나타나 약속해 주셨다: "내가 너와 함께 있어 네가 어디로 가든지 너를 지키며 너를 이끌어 이 땅으로 돌아오게 할지라 내가 네게 허락한 것을 다 이루기까지 너를 떠나지 아니하리라"(창 28:15).

당신의 삶에서도 이 약속은 동일하다. 아멘으로 받아들여도 된다. 하나님은 야곱이 애굽으로 내려가는 것을 두려워했을 때도 나타나셔서 함께하실 것을 약속하면서 두려운 마음을 다독여 주셨다: "나는 하나님이라 네 아버지의 하나님이니 애굽으로 내려가기를 두려워하지 말라 내가 거기서 너로 큰 민족을 이루게 하리라 내가 너와 함께 애굽으로 내려가겠고 반드시 너를 인도하여 다시 올라올 것이며 요셉이 그의 손으로 네 눈을 감기리라"(창 46:3-4).

하나님은 약속의 말씀을 단 한 마디라도 땅에 떨어지지 않게 하신다. 야곱의 인생 여정에서 처음부터 죽는 순간까지 동행해 주셨으며 그의 목자가 되어 주셨다. 어찌 야곱뿐이겠는가? 하나님은 하나님의 자녀인 당신이 어디로 가든지 무엇을 하든지 세상 끝날까지 동행하신다. 예수님도 부활하신 후에 제자들과 오는 세대의 성도들에게 "볼지어다 내가 세상 끝날까지 너희와 항상 함께 있으리라"(마 28:20)고 약속해 주셨다. 예수님의 이 약속은 신실하다. 동행하겠다는 약속을 지키시기 때문이다.

모세와 여호수아 시대에도 하나님은 이스라엘과 동행해 주셨다. 하나님은 낮에는 구름기둥과 밤에는 불기둥이 "백성 앞에서 떠나지 아니"함으로 하나님의 임재와 인도하심을 시각적으로 볼 수 있게 배려하셨다.

모세는 40년 광야 생활을 마무리하는 시점에 지나온 시간을 회고하는 설교를 하면서 열 명의 정탐꾼들이 부정적인 보고를 했을 때 모세가 백성을 안심시키려고 했던 말을 회상했다: "무서워하지 말라 두려워하지 말라 너희보다 먼저 가시는 너희의 하나님 여호와께서 애굽에서 너희를 위하여 너희 목전에서 모든 일을 행하신 것같이 이제도 너희를 위하여 싸우실 것이며 광야에서도 너희가 당하였거니와 사람이 자기의 아들을 안는 것같이 너희의 하나님 여호와께서 너희가 걸어온 길에서 너희를 안으사 이곳까지 이르게 하셨느니라"(신 1:29-31); "그는 너희보다 먼저 그 길을 가시며 장막 칠 곳을 찾으시고 밤에는 불로, 낮에는 구름으로 너희가 갈 길을 지시하신 자이시니라"(신 1:33). 이스라엘 백성을 광야에서 40년 동안 신실하게 인도하셨던 하나님께서는 오늘날도 당신 삶의 여정을 예비하시며 동행하시며 보호하신다.

엄마가 아기를 품에 안거나 등에 업고 갈 때 아기는 불안을 느낄 필요가 없다. 마찬가지로 당신은 하늘 아버지가 품으시며 보호하신다. '여호와 이레'의 하나님을 믿고 '전인미답'(前人未踏)의 길을 가면 두려울 것이 없다.[4]

광야와 같은 인생 여정을 가는 동안 신앙인들이 종종 던지는 질문은 하나님이 지속적으로 '임마누엘' 하나님으로 동행하시느냐는 질문이다. 위기와 고난을 겪으면 하나님의 임재를 주관적으로 느끼지 못할 때가 많기 때문이다. 질문에 대한 답은 당연히 '예스'다. 당신이 주관적으로 느끼지 못한다고 해서 임재하지 않거나 동행하지 않으시는 것이 아니다. 동행하지 않는 것 같은 당신의 주관적인 느낌은 객관적이지 않다. 물론 주관적인 느낌은 중요하며 힘을 준다. 그러나 그 느낌에 따라서 하나님의 임재와 동행이 결정되

---

4 고 옥한흠 목사님이 생전에 여호수아서 1장을 본문으로 '성도들의 삶과 인도하시는 하나님'에 대해서 설교하면서 '전인미답'이라는 표현을 한 기억이 나에게 남아 있다.

는 것이 아니다. 중요한 것은 진리와 원리다. 하나님의 임재와 동행이 당신의 주관적인 느낌에 좌우되는 것이 아니라는 사실을 꼭 명심하라.

우리가 늘 있는 공기와 물에 대해서 감사함을 잘 느끼지 못하듯이 결핍을 느끼지 못하면 하나님의 임재와 역사를 잘 느끼지 못할 때가 많다. 공기가 항상 어디에서나 편재해 있듯이 영이신 하나님은 당신의 삶에 가장 가까이 계신다. 그리고 동행하신다.

모세는 요단강을 건너서 가나안에 입성할 이스라엘 백성과 여호수아에게 하나님의 동행하심을 재확인시키며 두려워하지 말라고 했다. 이스라엘 백성에게는 "너희는 강하고 담대하라 두려워하지 말라 그들 앞에서 떨지 말라 이는 네 하나님 여호와 그가 너와 함께 가시며 결코 너를 떠나지 아니하시며 버리지 아니하실 것임이라"(신 31:6)고 말했다. 우리는 '결코'라는 단어를 놓치지 말아야 한다. 하나님은 '결코' 당신을 버리지 않으신다. 반드시 동행하신다. 모세는 여호수아에게는 "너는 강하고 담대하라… 여호와 그가 네 앞에서 가시며 너와 함께하사 너를 떠나지 아니하시며 버리지 아니하시리니 너는 두려워하지 말라 놀라지 말라"(신 31:7-8)고 격려했다. 모세가 죽은 후에 하나님은 여호수아에게 직접 약속해 주셨다: "네 평생에 너를 능히 대적할 자가 없으리니 내가 모세와 함께 있었던 것같이 너와 함께 있을 것임이니라 내가 너를 떠나지 아니하며 버리지 아니하리니 강하고 담대하라"(수 1:5-6). 이 약속이 당신의 귀에도 들리는가? 그렇다면 내면화(internalization)하라. 당신 속사람의 살과 뼈가 되게 하라. 하나님은 실언(失言)하시거나 식언(食言)하시는 분이 아니다. 모세와 여호수아와 함께하신 임마누엘 하나님은 오늘도 분명히 당신과 함께하신다. 예수 그리스도의 또 다른 이름은 임마누엘이다(마 1:23).

다윗은 인생 여정에서 '사망의 음침한 골짜기' 같은 고난이 올지라도 악 또는 해를 두려워하지 않을 것이라고 노래했다(시 23:4). "주께서 나와 함께하심"을 믿었기 때문이다. 하나님의 지팡이와 막대기가 힘든 여정에서도 힘이 되며 위로를 준다는 것을 체험했기 때문이다.

가수 '해바라기'의 노랫말은 인간관계를 표현했지만 하나님과 당신의 관계를 표현한 것으로 승화할 수 있다: "내가 가는 길이 험하고 멀지라도 그대 함께 간다면 좋겠네. 우리 가는 길에 아침 햇살 비치면 행복하다고 말해 주겠네. 이리저리 둘러봐도 제일 좋은 건 그대와 함께 있는 것."

하나님과 함께하는 길이라면 비록 그 길이 험하고 멀지라도 좋고 행복한 여정이 될 것이다. 불안과 두려움도 능히 극복할 수 있다.

6 하나님은 반드시 약속을 지키신다

기독교는 언약의 종교다. 하나님의 옛 언약과 새 언약으로 이루어진 것이 성경이다. 하나님이 언약의 주체가 되시며 그 언약을 신실하게 지키신다. "내 주와 맺은 언약은 영 불변하시니 그 나라 가기까지는 늘 보호하시네"라는 찬송 가사는 진리다.

옛 언약 중의 하나가 노아에게 하신 무지개 언약이다. 하나님은 온 인류가 대홍수로 멸망당한 트라우마를 겪은 노아에게 "다시는 모든 생물을 홍수로 멸하지 아니할 것이라 땅을 멸할 홍수가 다시 있지 아니하리라"고 언약하셨다(창 9:11). 그리고 "대대로 영원히 세우는 언약의 증거"로서 "내 무지개를 구름 속에 두었나니 이것이 나와 세상 사이의 언약의 증거"(창 9:12, 13)라고 말씀하시며 무지개를 언약의 표식으로 주셨다. "무지개가 구름 속에 나타나면… 내 언약을 기억하리니 다시는 물이 모든 육체를 멸하는 홍수가 되지 아니할지라"(창 9:15-16)고 재확인해 주셨다. 그리고 노아와 그의 가족들과 후손들이 살게 될 땅이 예측할 수 있는 공간이 될 것임을 약속하셨다. 그 약속을 신실하게 지키실 것을 자연계의 예측할 수 있는 환경을 통해 약속하셨다: "땅이 있을 동안에는 심음과 거둠과 추위와 더위와 여름과 겨울과 낮과 밤이 쉬지 아니하리라"(창 8:22).

노아와 그의 가족들은 수많은 시체들과 동물 사체들을 보았을 것이다. 트라우마 수준이었을 수도 있다. 그랬다면 그들은 비가 많이 올 때 두려움을 느꼈을 것이다. 왜냐하면 트라우마 경험에 비가 자극제가 되면 뇌에서 불안 경보장치가 작동하기 때문이다. 하나님은 비가 그친 후에 생기는 무지개를 통하여 그들의 두려운 마음을 다독여 주시는 공감적인 배려를 하셨다.

사람들끼리 맺는 약속이나, 국가들 간에 맺는 조약은 가변적이며 끝까지 지키지 않을 때가 많다. 그러나 하나님의 약속은 신실하다. 하나님의 언약은 100퍼센트 신뢰할 수 있다. 예수 그리스도의 십자가를 통하여 세우신 새 언약을 믿음으로 받아들이는 자에게는 하나님의 자녀가 되는 권세를 주겠다고 약속하셨다. 그 약속은 100퍼센트 신실하다. 결코 파기되는 법이 없다.

당신은 이 새 언약을 믿는가? 그렇다면 당신은 하나님의 자녀이며 하나님 나라의 백성이다. 이 약속을 믿고 예수 그리스도가 "굳건한 반석 되시니 그 위에 내가 서리라"고 고백하면 불안과 두려움은 눈 녹듯이 사라진다.

7 예수님을 영접하고 따르라

예수님은 "수고하고 무거운 짐 진 자들아 다 내게로 오라 내가 너희를 쉬게 하리라"(마 11:28)고 초대하신다. 모든 인류는 한 사람도 예외 없이 무거운 죄짐을 지고 수고하는 존재다. 죄의 문제가 해결되지 않고서는 결코 쉼을 얻을 수 없는 존재다. 죄짐을 지고 있다는 인식과 자신이 이 죄짐을 해결할 수 없다는 불안과 두려움이 있어야 예수님의 초청에 응할 수 있다. 자신이 죄인이라고 생각하지 않으면 죄짐이 느껴지지 않는다. 자유롭고 자신 있고 오히려 당당하다. 진정한 안식의 필요성을 느끼지 않는다. 이런 자들은 무거운 짐을 지고 있음을 인식하는 것이 구원의 첫걸음이다.

죄를 인식하는 사람들은 예수님께 나아가야 구원을 얻는다. 죄책감에 대해 불안해하고 두려워하는 것은 예수님께 나아가 구원을 얻게 하는 방편이다.

당신은 혹시 아직 예수님을 영접하지 않은 채로 살아가고 있는가? 당신은 죄인이다. 죄인의 상태로는 하나님 앞에서 영원한 심판을 받을 수밖에 없다. 예수님을 당신의 삶에 구주로 영접하면 당신은 의롭다고 여겨진다. 심판과 지옥 형벌에서 해방된다. 죄의 굴레에서 해방된다.

예수님을 영접하고 따르는 자는 영원한 심판을 받지 않는다. 영혼의 안식을 얻는다. 그리고 마음이 온유하고 겸손하신 예수님의 멍에를 메고 예수님에게서 배운다(마 11:29 참조). 죽음을 두려워하지 않는 인생이 된다.

8 죽음의 권세를 이긴 십자가 대속을 믿으라

하나님은 의식하지 못한 채 죄를 범했다가 그 범한 죄를 인식하게 될 때 그 죄책감으로 인한 불안과 고통을 해결하는 것으로 대속의 방법을 제시하셨다. 온 회중이 범죄했을 때는 수송아지, 족장이 범죄했을 때는 흠 없는 수염소, 평민이 범죄했을 때는 흠 없는 암염소 또는 흠 없는 어린 암양을 속죄제로 드리도록 제물을 구별하셨다(레 4장 참조). 인식하지 못했을 때는 허물이 되지 않지만 인식하면 허물과 죄가 되기 때문이다. 하나님은 이스라엘 백성이 죄 사함을 받고 마음의 평안을 누리기를 원하셨다. 그래서 죄를 전가하고 대속하는 방법을 통하여 그들의 죄와 죄책감의 문제를 해결하는 길을 알려 주셨다.

대제사장 아론은 이스라엘 자손을 위하여 속죄할 때 두 염소를 준비하여 제비를 뽑아 한 염소는 죽여 그 피로 회막을 속죄하고 한 염소는 산 채로 광야로 보내도록 가르침을 받았다. 두 손으로 염소의 머리에 안수하고 "이스라엘 자손의 모든 불의와 그 범한 모든 죄를 아뢰고 그 죄를 염소의 머리에 두어 미리 정한 사람에게 맡겨 광야로" 보내되 다시 그 염소가 진으로 들어오지 못할 만큼 먼 거리의 땅에 이를 때 그 염소를 광야에 놓아 주는 제사법이 특징적이다 (레 16:21-22 참조).

아사셀 염소, 즉 희생양 제도는 이스라엘 백성이 그들의 죄와 허물을 염소의 머리에 전이(transference)하고 그 앞에서 모든 죄를 고백함으로써 죄에 대한 하나님의 진노와 심판에 대한 두려움을 해결하는 제도였다. 모든 죄를 짊어진 염소가 진 밖으로 멀리 감으로써 진 안에 죄가 머무르지 않고 외부로 투사되어 이스라엘 공동체 내부가 정화된 것이다.

신약시대를 여신 예수님은 친히 아사셀 양이 되셨다. 모든 인간의 죄를 대신 지고 예루살렘 성문 밖으로 나가 골고다 언덕의 십자가에서 죽으셨다. 그리고 그를 믿는 자들에게 영원한 심판에 대한 불안과 두려움에서 자유를 주셨다. 그리고 모든 율법의 요구를 친히 만족시키셨다. 예수님은 영원한 대제사장이 되셨다. "오직 그리스도는 죄를 위하여 한 영원한 제사를 드리시고 하나님 우편에 앉으사"(히 10:12); "그가 거룩하게 된 자들을 한 번의 제사로 영원히 온전하게 하셨느니라"(히 10:14). 율법의 요구를 만족시켜야 하는 의무과 책임에서 당신을 영원히 자유하게 하셨다.

첫 아담 때문에 죄가 모든 인류에게 전가되었듯이 둘째 아담의 순종으로 말미암아 그의 의가 모든 믿는 자들에게 전이되었다. 당신의 죄가 그의 머리에 전가되며 전이되었다. 그리고 그의 의가 당신의 머리에 전가되며 전이되었다. 따라서 당신은 하나님의 심판에 대해서 더 이상 불안할 필요가 없다. 당신은 "오호라 나는 곤고한 사람이로다 이 사망의 몸에서 누가 나를 건져내랴"(롬 7:24)라고 외칠 수밖에 없는 갈등하는 존재다. 하지만 동시에 "이제 그리스도 예수 안에 있는 자에게는 결코 정죄함이 없나니 이는 그리스도 예수 안에 있는 생명의 성령의 법이 죄와 사망의 법에서 너를 해방하였음이라"(롬 8:1-2)라고 선포할 수 있는 자유민이다.

　병적으로 스스로 자기를 처벌함으로써 죄책감으로 인한 불안을 해소하려고 하는 이들이 있다. 고행을 하거나 자신의 신체에 상처를 내거나 손목을 긋거나 심한 경우에는 자살을 함으로써 죄책감으로 인한 갈등을 해소하려는 것이다. 경계선 성격장애를 가진 사람들의 증상이기도 하다. 그러나 그것은 일시적인 불안 감소에 도움이 될 수 있지만 진정한 해결책은 아니다.

　예수 그리스도의 십자가 대속을 통하지 않고서는 당신의 죄책의 문제를 어떤 방법으로도 해결할 수 없다. 당신은 죄인으로서 영원한 심판을 받아야 할 존재였다. 누구도 당신을 위해 대신 구원해 줄 수 없다. 당신 스스로도 당신을 구원할 수 없다. "울어도 못하고 힘써도 못한다." 고행을 하거나 선행을 아무리 해도 하나님 앞에서 구원에 이르는 의가 될 수 없다. 그리스도의 피로 속죄함을 받는 길 외에 다른 구원의 길은 없다. 이 진리를 바로 깨달아야 심판에 대한 불안과 두려움에서 자유와 평강을 누릴 수 있다. 당신이 이 대속의 진리를 항상 전신갑주로 삼고 살아가길 바란다.

　성경은 당신이 예수 그리스도를 믿기 전부터 이미 하나님과 연결된 존재였다고 선언한다: "창세 전에 그리스도 안에서 우리를 택하사"(엡 1:4). 당신은 무의식화하고 살았지만 하나님의 임재와 동행은 이미 당신이 엄마 뱃속에 있을 때부터 있어 왔다. 따라서 당신이 매사를 하나님과 연결 짓기 하는 것은 아무리 해도 지나치지 않다.

불안과 두려움도 예외가 아니다. 불안할 때도 하나님은 당신의 가장 가까이에 계신다. 성자 예수 그리스도께서 하나님 우편에서 당신을 보고 계신다(행 7:55 참조). 성령 하나님이 당신 안에 내주하신다. 그리고 당신이 무엇을 간구해야 할지 알지 못할 때도 친히 성부 하나님께 대신 간구하신다. 당신이 불필요하게 불안해하며 두려워할 때 성령께서 안타까워하시며 탄식하신다(롬 8:26-27). 당신의 마음에 인 풍파를 능력으로 잠잠하게 하신다.

삼위 하나님의 성품과 하시는 일과 당신이 경험하는 불안과 두려움을 연결 짓는 것은 불안과 두려움을 대처하는 가장 핵심이며 효과적인 길이다. 대처 방안이 가장 가까이에 있음을 잊지 말라. 다른 곳에서 찾다가 길을 헤매지 말라. 먼저 하나님과 연결해서 생각하고, 묵상하고, 기도하고, 적용해 보라. 이 방법은 언제, 어디서나 사용할 수 있다.

chapter 7

하나님의 펴신 손을
발견하라

불안과 두려움 대처하기 2

　　앞 장에서 살펴본 것처럼 하나님이 어떤 분이신지, 어떤 일을 하셨고 하고 계시는지를 알고 믿는 것은 당신의 불안과 두려움을 신앙적으로 대처하는 데 매우 중요한 자원이자 능력이다. 이 신적인 지식과 믿음을 당신의 삶에 적용할 때 구체적인 지혜와 방법이 된다. 이 장에서 나는 당신이 이미 들어서 알고 있는 지혜와 방법에 대해 기억을 되살리며 새롭게 접근할 수 있는 대처 방안들을 제시하고자 한다.

1 시선을 하나님께 고정하라

불안과 두려움을 느끼는 것은 주로 무엇을 '보았고', '들었기' 때문이다. 막연하게 불안할 때도 있지만 주로 위험한 것 또는 위협적인 그 무엇을 보았거나 들었기 때문이다. 불안과 두려움은 입력된 정보에 대한 주관적인 반응이기 때문이다.

하나님의 자녀들도 육신의 눈과 귀로 보고 들은 것 때문에 두려워할 수 있다. 그러나 그 두려움을 극복하고 지혜롭게 대처하려면 보이지 않는 하나님께 마음의 눈을 고정해야 한다. 위협 상황보다 훨씬 크고 높으신 하나님을 바라볼 때 문제와 위협적인 상황이 작게 보인다.

가나안 정탐을 마치고 돌아온 열 명의 지파 족장들은 가나안 족속들을 보고 두려움을 느꼈다. 왜냐하면 그들에게는 현실적인 상황만 주로 눈에 입력되었기 때문이다. 그들은 가나안 족속들을 과대평가했다. 반면에 그동안 광야에서 기적을 베푸시며 이스라엘을 인도하신 하나님을 과소평가했다. 자신들도 과소평가했다: "우리는 스스로 보기에도 메뚜기 같으니"(민 13:33). 그들은 하나님에 대한 신앙을 전경(foreground)으로 드러나게 해서 신앙적인 고백을 전혀 할 수 없었다. 두려움과 공포감이 그들의 모든 인지 기능과 해석 장치를 압도해 버렸다.

하지만 동일한 상황을 보고도 갈렙과 여호수아의 반응은 달랐

다: "정탐한 땅은 심히 아름다운 땅이라 여호와께서 우리를 기뻐하시면 우리를 그 땅으로 인도하여 들이시고 그 땅을 우리에게 주시리라… 그 땅 백성을 두려워하지 말라 그들은 우리의 먹이라 그들의 보호자는 그들에게서 떠났고 여호와는 우리와 함께하시느니라 그들을 두려워하지 말라"(민 14:7-9). 안타깝게도 백성은 부정적인 보고에 더 잘 반응했다.

하나님은 "영원하신 하나님"이시며 "피곤하지 않으시며 곤비하지 않으시며 명철이 한이 없으시며 피곤한 자에게는 능력을 주시며 무능한 자에게는 힘을 더하시"(사 40:28-29)는 분이다. "오직 여호와를 앙망하는 자는 새 힘을 얻으리니 독수리가 날개치며 올라감 같을 것이요 달음박질하여도 곤비하지 아니하겠고 걸어가도 피곤하지 아니"(사 40:31)할 것이다. '앙망'하는 자는 소망을 품는 자다.

앙망하는 것은 '눈'과 관련이 있다. 마음의 눈을 하나님께 고정하는 것은 두려움을 극복하는 탁월한 방법이다. 하나님은 요동하거나 불안하거나 가변적인 분이 아니다. 신실하신 분이다. 어제나 오늘이나 영원토록 변함이 없으신 분이다.

이사야는 "너희는 여호와를 만날 만한 때에 찾으라 가까이 계실 때에 그를 부르라"(사 55:6)고 당신에게 권면한다. 그리고 당신의 생각과 방법이 하나님의 생각과 방법과 다르다고 분명하게 말씀한다: "이는 내 생각이 너희의 생각과 다르며 내 길은 너희의 길과 다름이니라 여호와의 말씀이니라 이는 하늘이 땅보다 높음같이 내 길은 너희의 길보다 높으며 내 생각은 너희의 생각보다 높음이니라"(사 55:8-9). 이 사실을 믿어도 된다. 하나님은 이 세상 사람들 모두의 생각보다 더 지혜로운 생각과 계획을 갖고 계신다. 그 하나님이 오늘도 살아 계시며 당신의 삶에서도 역사하신다.

2 하나님께 피하라

그리스도인의 삶에도 두려움을 야기하는 환난이나 위기 상황이 찾아온다. 그리스도인이라고 해서 모두 잔잔한 호수와 같이 평온한 삶을 약속 받은 것은 아니다. 예상하지 못했던 위기와 고난이 찾아온다. 그리스도인도 두려움을 느낀다. 그러나 두려움에 휩싸여 공황 상태에 빠지는 것은 어리석다.

다윗은 특히 재앙의 날에 하나님의 은혜를 구했다. 그리고 하나님의 날개 그늘 아래 피하겠다고 기도했다: "내게 은혜를 베푸소서 내게 은혜를 베푸소서 내 영혼이 주께로 피하되 주의 날개 그늘 아래에서 이 재앙들이 지나기까지 피하리이다"(시 57:1). 다윗에게 피난처가 되신 하나님은 당신에게도 피난처가 되신다.

당신에게 피난처가 있다. 도피성이 있다. 피할 곳이 있는데도 그 사실을 무의식화한 채 계속 두려워함은 어리석은 행동이다. 하나님께 피하는 자는 겁쟁이가 아니다. 하나님은 암탉이 새끼를 보호함같이, 독수리가 그 날개로 새끼를 보호하듯이 당신을 보호하신다. 광야에서 하나님은 불기둥과 구름기둥으로 밤낮 이스라엘 백성을 보호하고 인도하셨다. 과거에 역사하신 하나님은 현재 당신의 삶에서도 동일하게 역사하신다.

모세는 죽기 전에 장래에 이스라엘 백성에게 일어날 일을 노래로 지어 가르쳤다. 하나님이 광야에서 어떻게 자기 백성을 보호하셨는지를 노래 가사로 잘 표현하였다: "여호와께서 그를 황무지에서, 짐승이 부르짖는 광야에서 만나시고 호위하시며 보호하시며 자기의 눈동자같이 지키셨도다"(신 32:10). 앞길을 예측하지 못하고 불안하며 두려워할 수밖에 없는 황무지 광야에서 하나님이 그들의 보호자가 되셨다는 것이다.

모세는 하나님의 보호하심을 독수리가 새끼를 보호하는 것에 비유했다: "마치 독수리가 자기의 보금자리를 어지럽게 하며 자기의 새끼 위에 너풀거리며 그의 날개를 펴서 새끼를 받으며 그의 날개 위에 그것을 업는 것같이 여호와께서 홀로 그를 인도하셨고 그와 함께한 다른 신이 없었도다"(신 32:11-12). 오직 여호와 하나님만이 그들을 지키시며 인도하셨다. 하나님은 어미 독수리가 새끼 독수리 주위를 빙빙 돌며(hoversover, NIV 번역) 보호하는 것과 같이 구름기둥과 불기둥으로 이스라엘 백성을 보호하셨다. 동일한 하나님이 오늘도 당신 주위를 '너풀거리며'(hovers over) 인도하신다.

독수리 새끼는 어미 독수리가 자신을 보호하는 한 두려워할 필요가 없다. 마찬가지로 당신도 하나님이 당신을 눈동자처럼 보호하고 지키시는 한 두려워할 필요가 없다. 하나님이 당신의 마음에 평강 주시기를 바란다.

시편 91편에서 시인은 "그가 너를 그의 깃으로 덮으시리니… 너는 밤에 찾아오는 공포와 낮에 날아드는 화살과 어두울 때 퍼지는 전염병과 밝을 때 닥쳐오는 재앙을 두려워하지 아니하리로다"(시 91:4-6)라고 노래하였다. 하나님의 날개 그늘은 "천 명이 네 왼쪽에서, 만 명이 네 오른쪽에서 엎드러지나 이 재앙이 네게 가까이 하지 못하리로다"(시 91:7)라고 노래할 만큼 안전한 피난처다. 수많은 하나님의 자녀들을 동시에 품고 보호하실 수 있는 요새다. 하나님은 긴급한 상황에서 천사들을 통해서도 우리를 보호하신다: "너를 위하여 그의 천사들을 명령하사 네 모든 길에서 너를 지키게 하심이라 그들이 그들의 손으로 너를 붙들어 발이 돌에 부딪히지 아니하게 하리로다"(시 91:11-12).

당신은 절체절명의 순간에 마치 천사가 곁에서 보호하는 것과 같은 경험을 해 본 적이 있는가? 나는 그런 순간들을 여러 번 체험했다. 실제로 죽을 뻔한 적이 한두 번이 아니다. 대학 4학년 때 낙동강에서 수영하다가 익사 직전에 기적적으로 구출된 적도 있다. 운전하면서 졸다가 죽을 뻔한 적은 수십 번도 더 된다. 하나님이 보호해 주시지 않았다면 나는 벌써 이 세상에 없었을 것이다. 하나님의 보호하심을 믿으라. 두려움에 빠지지 마라. 당신의 생사화복은 하나님이 주관하신다.

불안하고 두려울 때 당신이 필요한 도움은 "천지를 지으신 여호와에게서로다"(시 121:2)라고 고백할 수 있는 믿음에서 온다. "이스라엘을 지키시는 이는 졸지도 아니하시고 주무시지도 아니하시"(시 121:4)는 분이다. "여호와는 너를 지키시는 이시라"(시 121:5)는 말씀을 '아멘' 하며 고백하고 믿으라. "여호와께서 너의 출입을 지금부터 영원까지 지키시리로다"(시 121:8)는 말씀에 역시 '아멘'으로 고백할 때 불안과 두려움은 수그러들 것이다.

고라 자손은 "땅이 변하든지 산이 흔들려 바다 가운데에 빠지든지 바닷물이 솟아나고 뛰놀든지 그것이 넘침으로 산이 흔들릴지라도 우리는 두려워하지 아니하리로다"(시 46:2-3)라는 놀라운 고백을 했다. 그들의 조상 고라와 고라의 가족들은 모세와 아론을 대항하다가 하나님의 심판을 받아 땅이 입을 벌림으로써 생매장되었다. 이와 같이 조상의 트라우마와 수치를 안고 살아온 고라 자손들이 땅이 변하는 상황에서도 두려워하지 않을 것이라고 노래했다는 사실이 놀랍다. 고라 자손이 부인의 방어 기제를 사용하면서 이 노래를 불렀을까? 절대로 아니다. 그들은 조상들의 불신앙을 반면교사로 삼았던 신앙인들이었다. 그들은 "하나님은 우리의 피난처시요 힘이시니 환난 중에 만날 큰 도움이시라"(시 46:1)고 주저 없이 고백했다.

3 하나님께 부르짖으라

기도는 하나님의 날개 그늘 아래 피하는 최선의 방법이다. 기도하면 두려움이 잦아든다. 기도할 때 당신의 이해력을 뛰어넘는 하나님의 평강이 당신의 마음을 지키시는 것을 경험할 것이다: "아무것도 염려하지 말고 다만 모든 일에 기도와 간구로, 너희 구할 것을 감사함으로 하나님께 아뢰라 그리하면 모든 지각에 뛰어난 하나님의 평강이 그리스도 예수 안에서 너희 마음과 생각을 지키시리라"(빌 4:6-7).

특히 통성기도는 불안과 두려움을 하나님께 말과 소리를 통해 표현하는 데 효과적이며 치료적이다. "살려 주세요", "도와주세요", "무서워요"라고 당신의 상태를 하나님께 소리 내어 아뢰는 것은 기도하는 당신에게 필요하며 유익하다. 하나님이 듣지 못하실까 봐 부르짖는 것이 아니다. 부르짖으면 기도하는 자의 마음과 생각에 변화가 일어난다. 소리 내어 기도하다 보면 눈물이 터지고 때로는 감정의 정화가 일어나는 부차적인 유익이 있다. 부르짖을 때 위협적인 상황에 대한 새로운 인식과 이해의 장이 열린다.

불안하고 두려울 때, 슬플 때, 또는 화가 날 때 당신만의 골방에 들어가 하나님께 부르짖으라. 은밀한 중에 계시며 은밀한 중에 들으시는 하나님이 분명히 응답하신다(마 6:6 참조).

다윗도 통성기도를 했다. 그는 두려운 상황에서 하나님께 부르짖음으로써 두려움을 극복했다: "나는 하나님께 부르짖으리니 여호와께서 나를 구원하시리로다 저녁과 아침과 정오에 내가 근심하여 탄식하리니 여호와께서 내 소리를 들으시리로다"(시 55:16-17). 그는 또 "백성들아 시시로(at all times) 그를 의지하고 그의 앞에 마음을 토하라 하나님은 우리의 피난처시로다"(시 62:8)라고 노래했다. 불안한 마음을 하나님께 토설(吐說)하는 것은 효과적인 방법이다.

다윗은 "내가 두려워하는 날에는 내가 주를 의지하리이다 내가 하나님을 의지하고 그 말씀을 찬송하올지라 내가 하나님을 의지하였은즉 두려워하지 아니하리니 혈육을 가진 사람이 내게 어찌하리이까"(시 56:3-4)라고 놀라운 신앙고백을 했다. 두려울 때마다 당신이 의지해야 할 이는 하나님뿐이다. 눈에 보이는 의지의 대상은 진정으로 당신을 도울 수 없다. 원수가 당신을 위협하는가? 혈육을 가진 원수는 당신의 몸밖에 죽일 수가 없다. 원수 마귀도 당신의 몸밖에 죽이지 못한다. 따라서 "몸과 영혼을 능히 지옥에 멸하실 수 있는"(마 10:28) 하나님을 의지하는 길이 궁극적으로 두려움을 이길 수 있는 길이다.

4 하나님의 도우심을 기다리라

다윗은 "군대가 나를 대적하여 진 칠지라도 내 마음이 두렵지 아니하며 전쟁이 일어나 나를 치려 할지라도 나는 여전히 태연하리로다"(시 27:3)라고 하나님을 향한 자신의 신뢰감을 표현했다. 왜냐하면 하나님은 그의 빛이며 구원이 되시며 그의 생명을 지키시는 자가 되셨기 때문이다(시 27:1 참조). 그는 악인이 오히려 자신의 목전에서 실족하는 모습을 목도하였다(시 27:2 참조).

그러나 다윗도 인간이었으므로 사울 왕이 그를 죽이려고 군대를 끌고 수색하러 다녔을 때는 두려워했다. 자신을 의심하는 블레셋 왕 앞에서 두려움에 미친 사람 흉내를 내어 위기를 모면하기도 했다. 압살롬이 반역해 내전을 일으켰을 때도 그는 매우 두려워했다. 따라서 그가 시로 표현한 내용은 그가 근본적으로 두려움에 엄몰되거나 빠지지 않는다는 의미로 해석하는 것이 옳을 것이다.

다윗은 시편 27편의 제일 마지막에서 불안과 두려움을 극복하는 핵심적인 방안을 제시했다: "너는 여호와를 기다릴지어다 강하고 담대하며 여호와를 기다릴지어다"(14절). 시편 40편에서도 "내가 여호와를 기다리고 기다렸더니 귀를 기울이사 나의 부르짖음을 들으셨도다"(1절)라고 고백했다. 이어서 "나를 기가 막힐 웅덩이와 수렁에서 끌어올리시고 내 발을 반석 위에 두사 내 걸음을 견고하게 하셨도다"(2절)라고 불안과 두려움과 절망의 상황에서 구원해 주신 하나님을 노래했다. 불안하며 두려움을 야기하는 상황 속에서도 기다리는 것과 마음을 강하게 하는 것이 믿는 자로서 당신이 견지해야 할 자세다.

5   소망의 하나님을 기억하라

시인 아삽은 불안하고 근심함으로 밤에 잠을 제대로 이룰 수 없을 만큼 힘든 환난의 기간을 지나며 이전에 노래하면서 스스로를 다독였던 옛 노래를 기억해 냈다: "내가 옛날 곧 지나간 세월을 생각하였사오며(remembered)"(시 77:5). 그리고 하나님의 임재와 도우심에 대해서 스스로 논박함으로써 불안을 극복하고자 했다: "주께서 영원히 버리실까, 다시는 은혜를 베풀지 아니하실까, 그의 인자하심은 영원히 끝났는가, 그의 약속하심도 영구히 폐하였는가, 하나님이 그가 베푸실 은혜를 잊으셨는가, 노하심으로 그가 베푸실 긍휼을 그치셨는가"(시 77:7-9).

이에 대한 대답은 두말할 필요도 없이 '절대적으로 아니다'(Absolutely not)! 왜냐하면 시인은 수백 년 전에 그의 조상들을 기적적으로 애굽에서 구출하시고 홍해를 통과하게 하신 하나님을 믿음으로 기억해 낼 수 있었기 때문이다(시 77:10-20 참조).

홍해를 통과하게 하신 능력의 하나님은 시인의 환난 가운데서도 임재하시며 기적적으로 인도하실 것이기 때문이다: "주의 길이 바다에 있었고 주의 곧은 길이 큰 물에 있었으나 주의 발자취를 알 수 없었나이다 주의 백성을 양 떼같이 모세와 아론의 손으로 인도하셨나이다"(시 77:19-20). 바다에 길을 여시는 하나님은 당신이 믿는 창조주 하나님이시다. 하나님은 진퇴양난의 불안한 상황에서도 창의적인 방법으로 길을 여실 수 있는 전능한 분이다.

불안하면 시선이 현재의 위협적인 상황에만 머무른다. 그러나 시선을 과거로도 향하고 미래로도 향해야 현재의 불안에서 자유해질 수 있다. 현재의 불안보다 더 큰 불안 상황에서도 인도하시고 극복할 수 있도록 도우신 하나님을 기억하는 것이 매우 중요하다. 장래에도 그렇게 도우실 것을 믿고 소망할 때 당신은 불안과 두려움과 능히 씨름할 수 있다.

6 하나님이 당신의 목자되심을 믿으라

당신은 "그가 기르시는 백성이며 그의 손이 돌보시는 양"(시 95:7)이다. 시편 기자는 당신에게 "여호와가 우리 하나님이신 줄 너희는 알지어다 그는 우리를 지으신 이요 우리는 그의 것이니 그의 백성이요 그의 기르시는 양"(시 100:3)이라는 사실을 잊지 말라고 권면한다. 당신은 하나님의 양이다. 하나님의 자녀이자 백성이다.

당신은 하나님과 목자와 양으로서 뗄 수 없는 관계를 맺고 있다. 선한 목자는 양의 이름을 각각 부를 수 있을 만큼 모든 양의 처지를 잘 안다. 예수님은 당신과 당신의 상황에 대해서 익히 알고 계신다. 선한 목자이신 예수님은 십자가에서 자신의 생명을 내어 놓기까지 당신을 사랑하신다. 당신이 영원한 하나님 나라에 들어갈 때까지 당신에게서 눈을 떼지 않고 목양하신다.

목자가 돌보는 양은 불안해할 필요가 없다. 설령 이리가 공격한다고 해도 목자가 보호해 주기 때문이다. 설령 길을 잃고 헤맨다 하더라도 한 마리 잃은 양을 위하여 아흔아홉 마리의 양을 우리에 두고 찾을 때까지 찾으시는 목자라는 사실을 믿기 때문이다. 당신의 삶에서 길을 잃을까 불안해하지 말라. 실패할까 두려워하지 말라. 길을 잃어도 괜찮다. 당신을 찾아내는 분이 계신다. 실패해도 괜찮다. 실패조차 합력해서 선을 이루시는 분이 계신다.

하나님의 명령에 불순종하여 니느웨 대신 다시스로 가는 배를 타고 배 밑창에 내려가 잠을 자는 요나를 하나님은 보고 계셨다. 그리고 그가 사명자의 길을 갈 수 있도록 끝까지 추적하셨다. 큰 물고기 뱃속에서 부르짖는 요나의 기도를 듣고 계셨다. 마침내 그가 사명지인 니느웨로 가도록 인도하셨다.

요나처럼 당신의 삶이 하나님의 레이더망에서 한 번도 벗어난 적이 없다는 사실을 아는가? 안심해도 된다. 목적지 항구에 도착할 때까지 하나님이 폭풍 속에서도 당신의 인생 항해를 인도하실 것이다.

하나님은 "아버지가 자식을 긍휼히 여김같이… 자기를 경외하는 자를 긍휼히 여기시"는 선한 목자다(시 103:13). 더욱이 그는 당신의 연약함을 공감하신다: "이는 그가 우리의 체질을 아시며 우리가 단지 먼지뿐임을 기억하심이로다"(시 103:14). 그는 당신이 불안과 두려움에 취약한 기질과 성격을 가졌음을 잘 아신다. 당신이 흙에서 취함을 받은 '질그릇' 인생임을 잘 아신다. 두려움을 잘 느끼는 한 마리 양이라는 사실을 잊지 않으신다.

7 하나님만 의지하라

하나님이 당신 편이 되시면 두려워할 필요가 없다. 게임할 때 잘하는 사람과 같은 편이 되면 질 걱정이 없는 것과 같다. 하나님은 전능하신 분이다. 하나님만 의지하는 것이 두려움을 극복하는 첩경이다. 시편 118편에서 시인은 이 사실을 잘 표현했다: "여호와께 피하는 것이 사람을 신뢰하는 것보다 나으며 여호와께 피하는 것이 고관들을 신뢰하는 것보다 낫도다"(시 118:8-9). 시편 146편의 시인도 동일한 노래를 불렀다: "귀인들을 의지하지 말며 도울 힘이 없는 인생도 의지하지 말지니 그의 호흡이 끊어지면 흙으로 돌아가서 그날에 그의 생각이 소멸하리로다 야곱의 하나님을 자기의 도움으로 삼으며 여호와 자기 하나님에게 자기의 소망을 두는 자는 복이 있도다"(시 146:3-5).

나는 불안하고 두려우면 내가 익숙하게 사용하던 불안 대처 방법을 의지할 때가 많았다. 오랜 습관이자 불안에 대처하는 고질적인 방어 기제임을 알면서도 말이다. 그 틀을 깨려고 노력하지만 쉽지 않다. 불안할 때면 하나님께 아뢰기도 전에 스스로 결정해서 행동할 때가 종종 있다. 때로는 나에게 도움을 줄 것 같은 사람들에게 연락을 취할 때도 있다. 여전히 내가 변화해야 할 영역이다.

"사람을 두려워하면 올무에 걸리게 되거니와 여호와를 의지하는 자는 안전하리라"(잠 29:25)는 말씀을 기억하자. 사람을 두려워해서 자기 나름대로 방안을 모색하다 보면 오히려 그 방안이 올무가 되어 두려워하던 상황에 빠지게 될 위험성이 높다. 뇌신경학적으로 설명한다면, 불안할 때 뇌는 똑똑하지 못하기 때문에 오히려 자신에게 손해가 되는 결정을 할 위험성이 높다. 그러나 하나님을 의지하면 불안을 덜 느끼고 전두엽이 활성화될 수 있다. 그래서 지혜롭고 용기 있게 대처하며 오히려 안전한 결과가 도출될 수 있다.

바울 사도는 심한 고난을 여러 번 겪었으며 심지어 살 소망까지 끊어진 적이 있다고 고백했다(고후 1:8 참조). 그때 그는 "자신이 사형 선고를 받은 줄 알았"다고 말하면서 "이는 우리로 자기를 의지하지 말고 오직 죽은 자를 다시 살리시는 하나님만 의지하게 하심이라"(고후 1:9)고 그가 겪은 환난의 의미를 재해석했다. 두려움을 주는 환난이 당신의 삶에도 찾아올 것이다. 그때 "죽은 자를 다시 살리시는 하나님만 의지"하는 당신이 되길 바란다. 나도 그런 삶을 살기를 힘쓸 것이다.

8 내일 일을 염려하지 말라

예수님은 산상보훈을 듣고 있던 사람들이 대체로 가난하고 소외된 사람들임을 잘 알고 계셨다. 그들은 실제로 삶에서 의식주의 문제로 불안을 느끼는 사람들이었다. 그럼에도 불구하고 예수님은 눈에 보이는 삶보다 보이지 않는 삶에 대해서 가르치셨다. 그들에게 보이지 않는 하나님 나라에 더 가치를 두라고 가르치셨다. 이방인들이 구하는 수준의 삶을 넘어서는 삶의 태도와 가치를 갖고 살라고 권면하셨다: "이는 다 이방인들이 구하는 것이라"(마 6:32). 그래서 "목숨을 위하여 무엇을 먹을까 무엇을 마실까 몸을 위하여 무엇을 입을까 염려하지 말라 목숨이 음식보다 중하지 아니하며 몸이 의복보다 중하지 아니하냐"고 말씀하셨다(마 6:25). 그리고 공중의 새들도 하나님이 기르신다고 말씀하시고 "너희는 이것들보다 귀하지 아니하냐"(마 6:26)고 논박하셨다. "하물며 너희일까 보냐 믿음이 작은 자들아"(마 6:30)라고 도전하셨다.

예수님의 말씀에서 하나님에 대한 믿음과 실존적인 염려가 밀접한 상관관계가 있음을 알 수 있다. 믿음이 약해지면 염려와 걱정과 근심은 더 강해지며 증폭된다. 반면에 믿음이 강해지면 염려와 불안이 감소한다. 믿음과 염려는 이렇듯 늘 시소게임을 한다.

예수님은 "너희는 먼저 그의 나라와 그의 의를 구하라 그리하면 이 모든 것을 너희에게 더하시리라"(마 6:33)고 말씀하셨다. 당신의 삶에서 우선순위를 바로 하라. 삶의 우선순위를 바로 하는 것은 그리스도인과 불신자를 구별 짓는 삶의 양식이다.

하나님이 일용할 양식을 주시는 분이라는 사실을 확신하면 불안은 줄어든다. 광야에서 40년 동안 하늘에서 만나를 내려 200만 명이 넘는 이스라엘 백성을 먹이신 역사적인 사건이 성경에 기록되어 있다. 사람은 떡으로만 사는 존재가 아니라 하나님의 입에서 나오는 모든 말씀으로 사는 존재라고 말씀하신 예수님의 가르침을 잊지 말라.

오늘도 당신의 삶에서 육신을 위한 양식과 영의 양식을 공급하는 하나님이 당신의 삶을 책임지신다. 공중의 새를 먹이시는 분이 하나님이다. 사람으로는 감당할 수 없는 넓은 땅에 비를 내려 주셔서 식물을 키우시는 분이 하나님이다. 하나님이 책임지시고 당신의 삶과 당신 가족의 삶을 인도하신다는 사실을 믿어도 된다.

예수님은 당신이 연약한 존재임을 잘 아신다. 그래서 당신의 인생에 염려와 걱정이 있음을 부인하지 않으셨다: "그러므로 내일 일을 위하여 염려하지 말라 내일 일은 내일이 염려할 것이요 한 날의 괴로움은 그날로 족하니라"(마 6:34). 우리 삶에 괴로움과 염려가 있음을 주님은 아신다. 예수님이 "하물며 너일까 보냐 믿음이 작은 자야"라고 당신의 귀에 따뜻한 음성으로 말씀하신다.

9   성령 하나님이 내주하신다

성령 하나님은 창조 전의 혼돈 속에서도 운행하셨다: "하나님의 영은 수면 위에 운행하시니라(was hovering over the waters)"(창 1:2). 성령 하나님도 알파와 오메가가 되신다. 요한계시록에서 성령은 일곱 교회 사자들에게 말씀하셨다: "귀 있는 자는 성령이 교회들에게 하시는 말씀을 들을지어다"(계 2:7, 11, 17, 29, 3:6, 13, 22). 모든 성경 말씀은 성령의 감동하심을 입은 자들이 기록한 생명의 말씀이다: "모든 성경은 하나님의 감동으로 된 것으로"(딤후 3:16).

성령 하나님은 '또 다른 보혜사'(another counselor)이시다. 보혜사란 '옹호해 주는 자'라는 뜻이다. 성령 하나님은 편들어 주시고 도와주시는 분이다. 보혜사의 헬라어 단어 '파라클레테'는 '곁에서 소리 내시는 분'이라는 뜻을 내포한다. '위로자'(comforter)라는 의미와도 일치한다. '위로'(comfort)라는 영어 단어는 라틴어 cum(-와 함께)과 forte(힘)라는 단어가 합성된 것이다. 성령은 당신에게 힘을 실어 주시는 분이다. 특히 불안하고 두려울 때 힘 있는 자로서 도와주시는 분이다. 가장 능력 있는 분을 당신 마음속에 모시고 있다는 것을 잊지 말라.

성령 하나님은 예수님이 승천하신 후 모든 믿는 자에게 임하며 떠나지 않는 영이시다. 성령 하나님은 초월하시면서도 당신의 내면에 내주하시는 '거주자'다. 당신이 성령 하나님을 따라 행하면 성령의 열매를 맺는다. 불안과 두려움 대신에 '화평'을 누린다. 당신의 내면의 집에 성령님이 함께 거주하신다는 사실을 의식화하는 것이 불안과 두려움을 이기는 큰 자원이 된다.

성령 하나님은 '뒤나미스'(능력이란 의미의 헬라어)의 하나님이다. 마음을 변화시키며 회심하게 하며 중생하게 하는 능력을 베푸시는 분이다. 전능하신 분이다. 전지하신 분이다. 아나니아와 삽비라가 베드로에게 거짓말을 했을 때 베드로는 그들이 성령을 속이며 시험한다고 말했다(행 5:3, 9). 베드로가 성령으로 충만했기에 그들의 거짓을 분별할 수 있었다.

오순절에 강림한 성령으로 충만한 제자들과 성도들은 두려움이 없었다. 두려움이 많았던 베드로조차 담대한 사람으로 변화되었다. 그들은 죽음을 두려워하지 않았다.

성령 하나님은 예수님을 믿게 하시는 분이다. 예수님을 믿는 순간부터 성령은 당신의 삶에서 동행하신다. 떠나지 않으신다. 위험과 환난 중에 두려워할 때 "안심하라, 두려워하지 말라, 내가 너와 함께함이니라"고 말씀하신다.

성령 하나님은 당신을 변화시키시는 분이다. 성화의 과정에서 성령이 역사하신다. 예수 그리스도의 마음을 품고 살도록 말씀을 듣게 하고 가르치고 깨닫게 하신다. 사탄의 시험과 유혹에 당신이 완전히 무너지지 않도록 붙드신다. 당신이 천국 문에 이를 때까지 지키시고 인도하신다.

모세오경에서 신명기는 모세가 가나안을 앞둔 2세대 이스라엘 백성을 교육하는 목적으로 이미 선포했던 말씀을 다시 기록한 것이다. 이 장에서 나는 성도로서 이미 당신이 들었던 말씀, 알고 있는 말씀, 그리고 시도해 보았던 방법들에 대한 기억을 새롭게 함으로써 성경을 통해 당신이 불안과 두려움을 잘 대처해 갈 수 있도록 돕고자 했다. 다음 장에서도 좀 더 다른 각도에서 구체적인 대처 방안들을 제시할 것이다.

chapter 8

낯설게 봐야
보이는 게 있다

불안과 두려움 대처하기 3

하나님에 대한 지식과 성경적인 지식을 머리로 이해하고 소화하는 것과 가슴으로 소화하는 것은 분명한 차이가 있다. 머리에서 가슴으로 내려가는 데는 오랜 시간이 걸릴 수도 있다. 가슴으로 내려간 지식과 지혜가 장으로 내려가 손과 발에 전달되어 실천되는 것은 야고보 사도가 강조한 행함이 있는 믿음 생활의 특징이다.

이 장에서 나는 불안과 두려움에 성경적으로 대처하며 극복하는 지혜를 당신의 삶에서 구체적으로 실천하는 방안들을 제시하려고 한다. 믿음을 '행동화'(acting out)할수록 불안과 두려움은 서서히 힘을 잃게 될 것이다.

1 '쉼'도 하나님의 명령이다

안식년을 지킬 때 느끼는 불안과 두려움에 대해서 하나님은 이미 아시고 다음과 같이 말씀하셨다: "만일 너희가 말하기를 우리가 만일 일곱째 해에 심지도 못하고 소출을 거두지도 못하면 우리가 무엇을 먹으리요 하겠으나"(레 25:20). 이 불안을 느끼는 백성에게 하나님은 여섯째 해에 3년 동안 먹을 수 있는 소출을 주시겠다고 약속하셨다: "내가 명령하여 여섯째 해에 내 복을 너희에게 주어 그 소출이 삼 년 동안 쓰기에 족하게 하리라"(레 25:21).

하나님의 말씀을 신뢰하고 순종하면 하나님은 당신을 결코 굶기지 않으신다. 하나님을 신뢰하면 안식일을 누릴 수 있다. 더 나아가 안식년도 누릴 수 있다. 하나님과 연결 짓기를 하면 안식할 수 있는 믿음이 생긴다. 보이는 환경과 연결 짓기를 하면 안식하기가 어렵다. 쉬는 것이 불안하다. 그러나 믿고 안식하면 신체적으로나 정신적으로나 재충전되며 효율적으로 일할 수 있다.

일에 대한 욕심이 있거나 생존에 대한 불안이 있으면 쉬기 어렵다. 하루 벌어 하루 사는 일용직 노동자들에게는 하루를 쉰다는 것이 굉장한 불안을 야기한다. 일주일에 하루를 안식하며 일을 하지 않기로 결정하는 것은 쉬운 일이 아니다. 그리스도인들 중에서도 주일에 가게 문을 여는 사람들이 있다. 쉬는 날 손님들이 더 많이 몰리기 때문이다. 수입이 줄어들까 봐 불안하면 주일에 가게 문을 닫을 수가 없다. 그러나 더 벌 수 있다고 생각하는 것 자체가 욕심이다. 믿는 자는 말씀에 순종하면서 돈을 벌어야 한다. 세상 사람들과 똑같이 돈을 번다면 그것은 그리스도인의 삶의 방식이 아니다.

만약 가게를 운영하는 사람이 안식년을 가진다면 어떻게 될까? 그것은 폐업을 하겠다는 결정과 같을 것이다. 설령 6년 동안 1년 살 수 있는 생활비를 더 벌어 놓았다 하더라도 일을 하지 않은 채 1년을 지내는 것은 경제 타산도 맞지 않고 어리석은 일이라고 여겨진다. 아니 좀이 쑤시고 불안할 것이다. 그러나 그것도 믿음으로 실천한다면 귀한 일이다.

한국 교회 목회자들은 대부분 안식년을 갖지 못한다. 현실적으로 거의 불가능해 보이기 때문이다. 재정적으로 독립한 교회가 전체의 10퍼센트가 되지 않는 상황에서 목회자의 안식년은 그림의 떡이다. 교회가 재정적으로 목회자의 안식년을 감당할 수 있다고 할지라도 담임목사에게 의존적인 한국 교회가 교인들의 불안과 시기심을 감당하기란 현실적으로 매우 어렵다. 거의 모든 직종에서 일하는 성도들이 안식년을 갖지 못하고 은퇴까지 가는 상황에서 담임목사만 안식년을 갖는다는 것은 사치처럼 보이기 때문이다.

구약의 안식년 제도는 신약에서 더 이상 유효하지 않은 것이 사실이다. 그러나 안식년의 정신은 성도들이나 목회자가 고려해서 실천해 볼 수 있다고 생각한다. 교회가 담임목사에게 안식년을 권해도 안식년 기간에 교회에서 벌어질 예기치 않은 상황에 대해서 불안을 심하게 느끼는 목사는 안식년을 갖지 못한다. 더 나아가 일 중독적인 목사들에게는 안식년을 가진다는 생각 자체가 상당한 불안을 야기한다. 쉬면 불안하고 초조한 것이 일중독의 증상이다. 이들은 일하지 않고 쉴 때 금단 현상을 겪기도 한다. 일중독자는 불안을 느끼지 않기 위해 일한다. 결국 일의 노예가 되는 것이다.

불안하더라도 일을 중단하고 쉬는 시간을 조금씩 늘려야 한다. 쉬는 것도 하나님의 일이다. 쉬는 것도 하나님의 선하신 뜻이다. 혹시 당신은 일중독자가 아닌가? 일중독도 다른 중독과 마찬가지로 중독이라는 사실을 명심해야 한다. 중독은 병이자 죄다.

최소한 교회 사역자들에게 안식년의 정신을 적용해서 실천해 보는 믿음과 용기가 한국 교회에 필요하다. 1년 전체를 쉬는 것은 현실적으로 거의 불가능하기 때문에 일부 교회 목회자들이 실천하고 있듯이 1년에 한 달 정도의 안식월을 실천하는 것도 현실적인 방안이다. 한 달가량 교회 현장을 떠나 가족들과 쉬기도 하고 개인적인 재충전하는 것은 장기적으로도 유익하다.

성경적인 정신에 순종해서 부목회자들과 교회 직원들에게 안식월을 제공하는 것까지도 진지하게 고려해 볼 일이다. 안식년의 혜택은 "너와 네 남종과 네 여종과 네 품꾼과 너와 함께 거류하는 자들과 네 가축과 네 땅에 있는 들짐승들"(레 25:6-7)에게도 주어진 것임을 생각할 때 담임목사에게만 안식월을 제한해선 안 된다. 세상의 정신과 구별된 교회 공동체의 삶과 일의 양식이 현대 교회 사역자들과 성도들에게도 필요하다.

땅도 계속 경작하면 생산력을 잃는다. 목회자도 쉼 없이 사역에 매진하면 사역의 효과도 효율도 떨어진다. 탈진할 위험이 높다.

당신은 전반적으로 휴식을 잘 취하는 편인가? 당신은 주말과 주일을 어떻게 보내는가? 혹시 주일을 교회 일에 매여 쉼 없이 지내고 있지 않은가? 주일 예배가 당신의 삶에서 재충전의 경험이 되고 있는가? 가족들과 친밀한 시간을 보내기 위해 시간을 사용하고 있는가? 당신 혼자 하나님과 대면하며 영적인 쉼을 누리고 있는가?

시간에 쫓길수록 당신은 불안에 취약해질 것이다. 염려와 걱정이 누적될 것이다. 몸은 지치고 아프고 삶의 기쁨과 보람은 줄어들 것이다. 시간에 밀려가는 인생이 아니라 시간을 잘 관리하며 한계를 그을 수 있는 인생이 되길 바란다.

2 중독은 쉽고 빠른 길이다

이스라엘 백성은 강대국들 사이에서 하나님만 의지하고 살아야 했다. 실제로 강대국의 공격도 받았고 전쟁도 치러야 했다. 하나님이 응답하실 때도 있었지만 응답이 늦어지면 그들은 두려워했다. 두려운 상황에서 빨리 벗어나기 위해 성전의 기구들과 금은보화를 가지고 침략국을 달래기도 했다. 힘 있어 보이는 나라와는 동맹을 맺었고 그들의 우상을 받아들였다. 일시적으로는 효과를 거두었다. 그러나 그것은 하나님이 원하는 방법이 아니었다. 성숙한 방법도 아니었다. 오히려 신경증적인 대처 방안이며 불신앙적인 대처 방안이었다. 하나님은 여러 번 그들의 불신앙을 지적하고 깨우쳤지만 결국 중독적인 그들의 의존관계는 하나님의 심판을 불러왔다.

불안장애를 가진 사람들은 공병 현상으로 우울증에 걸리기 쉽다. 우울하면 술에 의존할 위험성이 높아진다. 밤에 잠이 오지 않을 때 와인이나 맥주를 마시면 일시적으로 마음이 안정되고 잠이 드는 데 도움이 되기 때문이다. 불안장애 약이나 항우울제 같은 약에 의존될 가능성도 있다. 약이 없으면 불안을 느낀다. 보이는 약을 보이지 않는 하나님보다 의지하는 것이 쉽기 때문이다. 필요하다면 약 처방을 받아 복용해야 한다. 의사의 처방을 따라서 복용하면 중독의 위험이 별로 없기 때문이다. 그런데 많은 경우 자가 처방해서 약을 점점 늘리는 게 문제다. 중독의 특성 중 하나는 '내성'(tolerance)이 증가하는 것이다. 또 다른 특성인 금단도 불안과 초조감을 동반한다.

하나님의 응답은 늦어질 때가 많다. 반면에 약물중독과 같은 중독은 응답이 빠르고 효과적이다. 심리적으로 취약할수록, 믿음이 부족할수록 중독적인 방법에 의존할 위험성이 높다. 성숙해지려면 불안과 두려움을 견디며 쉬운 길로 가지 말아야 한다. 우리에겐 불안과 두려움을 극복하는 지혜가 필요하다.

3 '죽음'을 각오하면 '산다'

예수님은 제자들에게 "몸은 죽여도 영혼은 능히 죽이지 못하는 자들을 두려워하지 말고 오직 몸과 영혼을 능히 지옥에 멸하실 수 있는 이를 두려워하라"(마 10:28)고 가르치셨다. 총독이나 임금, 권세를 가진 바리새인이나 서기관들을 두려워하여 복음을 전파하지 못한다면 사탄의 전략에 넘어가는 것이다.

불안과 두려움이 크면 사람들 앞에서 예수 그리스도를 시인하지 못한다. 복음을 전하지 못한다. 예수님은 "누구든지 사람 앞에서 나를 부인하면 나도 하늘에 계신 내 아버지 앞에서 그를 부인하리라"(마 10:33)고 말씀하셨다. 베드로 사도는 오순절 성령 강림이 있기 전에는 불안과 두려움의 사람이었다. 예수님이 제사장의 집에서 심문을 받을 때도 그는 거리를 두고 따라가서 제사장 집에서 일하는 하녀가 그의 정체를 드러내려 하자 두려움을 느껴 예수님을 세 번이나 부인한 것도 모자라 심지어 저주까지 하며 부인했다. 그런 그가 오순절 성령 강림을 경험한 후 공회 앞에서 두려움 없이 "사람보다 하나님께 순종하는 것이 마땅하니라"(행 5:29)고 말하며 담대히 복음을 전하는 사람이 되었다.

당신은 어떤가? 베드로처럼, 다니엘과 그의 세 친구처럼 죽음을 두려워하지 않는 신앙을 갖고 있는가? 사탄의 전략은 당신이 죽음을 두려워하게 하는 것이다. 죽은 자도 살리시는 하나님을 믿고 죽음을 위협하는 요소들 앞에서 당당하게 신앙의 절개를 지킬 수 있어야 한다. 우리 모두 그런 삶을 살아가길 바란다.

예수님은 십자가의 역설을 말씀하셨다. 예수님의 십자가 고난은 의로우신 그가 죽으심으로 많은 사람들을 살릴 수 있는 하나님의 역설적인 방법이었다. 한 알의 밀알이 땅에 떨어져 죽음으로써 많은 열매를 맺는 것과 같은 진리의 방법이었다.

예수님은 "자기 목숨을 얻는 자는 잃을 것이요 나를 위하여 자기 목숨을 잃는 자는 얻으리라"(마 10:39)고 말씀하셨다. '죽으면 죽으리라'고 각오하면 산다. 그러나 살려고 하면 점점 죽는다. 이것은 불안장애를 이해하며 치료하는 탁월한 방법이다.

불안하지 않으려고 피하면 삶이 점점 생동력을 잃게 된다. 집안 깊은 방 안에 갇히게 된다. 두렵지만 죽어도 좋다고 생각하고 활동 반경을 점점 넓혀야 한다. 그래야 의미 있는 삶을 살 수 있다. 그래야 불안과 두려움을 극복할 수 있다.

관계가 힘들다고 방 안에 틀어박혀서 인터넷 공간에서만 머물지 말라. 자폐적인 생활은 인간성을 상실하게 한다. 힘들더라도 방문을 열고 나오라. 커튼을 젖히고 창문을 열고 신선한 공기가 드나들도록 하라. 조금 오염된 공기라고 할지라도 당장 죽지 않는다. 바깥세상에 관심을 갖고 나와야 정신적인 건강을 유지할 수 있다. 영적인 건강은 말할 필요도 없다.

4 청종하여 평안하라

하나님은 이스라엘 백성에게 하나님의 "규례와 계명을 준행하면"(레 26:3) 그들이 불안할 필요가 없는 환경을 제공하겠다고 약속하셨다. "철따라 비를 주리니 땅은 그 산물을 내고 밭의 나무는 열매를 맺으리라"(레 26:4)고 약속하시고 "너희가 음식을 배불리 먹고 너희의 땅에 '안전하게' 거주하리라"(레 26:5)고 말씀하셨다. 뿐만 아니라 "내가 그 땅에 '평화'를 줄 것인즉 너희가 누울 때 너희를 '두렵게' 할 자가 없을 것이며 내가 '사나운 짐승'을 그 땅에서 제할 것이요 '칼'이 너희의 땅에 두루 행하지 아니할 것"(레 26:6)이라고 약속하셨다. 강조된 이 표현들은 모두 불안이나 두려움과 관련이 있다. 순종할 때 하나님께서 그들의 안전을 보장해 주겠다고 약속하신 것이다. 더 나아가 적극적으로 "내가 너희를 돌보아 너희를 번성하게 하고 너희를 창대하게 할 것"(레 26:9)이라고 약속하셨다.

그러나 이스라엘 백성이 "내게 청종하지 아니하여 이 모든 명령을 준행하지 아니하며 내 규례를 멸시하며 마음에 내 법도를 싫어하여 내 모든 계명을 준행하지 아니하며 내 언약을 배반"(레 26:14-15)하면 하나님은 그들에게 불안과 두려움을 가져오는 환경을 야기할 것이라고 경고하셨다. 구체적으로 그 재앙은 "놀라운 재앙"이 될 것이며 "폐병과 열병으로 눈이 어둡고 생명이 쇠약하게 할 것"이며 그들이 "파종한 것은 헛되리니" 그들의 "대적이 그것을 먹을 것"

이라고 말씀하셨다(레 26:16). 뿐만 아니라 하나님이 이스라엘 백성을 칠 것이며 따라서 그들이 "대적에게 패할 것"이며 "너희를 미워하는 자가 너희를 다스릴 것이며 너희는 쫓는 자가 없어도 도망하리라"(레 26:17) 하고 국가적인 패망을 예고하셨다. 더 나아가 하나님은 불안과 두려움을 가중시키는 경고를 하셨다: "만일 너희가 그렇게까지 되어도 내게 청종하지 아니하면 너희의 죄로 말미암아 내가 너희를 일곱 배나 더 징벌하리라"(레 26:18); " 너희의 하늘을 철과 같게 하며 너희 땅을 놋과 같게 하리니 너희의 수고가 헛될지라 땅은 그 산물을 내지 아니하고 땅의 나무는 그 열매를 맺지 아니하리라"(레 26:19-20); "내가 들짐승을 너희 중에 보내리니 그것들이 너희의 자녀를 움키고 너희 가축을 멸하며 너희의 수효를 줄이리니 너희의 길들이 황폐하리라"(레 26:22).

　　하나님은 계속적으로 불순종할 경우 심판의 수위를 올리겠다고 덧붙이셨다: "이런 일을 당하여도 너희가 내게로 돌아오지 아니하고 내게 대항할진대… 내가 칼을 너희에게로 가져다가 언약을 어긴 원수를 갚을 것이며 너희가 성읍에 모일지라도 너희 중에 염병을 보내고 너희를 대적의 손에 넘길 것이며 내가 너희가 의뢰하는 양식을 끊을 때에 열 여인이 한 화덕에서 너희 떡을 구워 저울에 달아 주리니 너희가 먹어도 배부르지 아니하리라"(레 26:23-26); "너희가 이같이 될지라도 내게 청종하지 아니하고 내게 대항할진대 내가 진노로 너희에게 대항하되… 너희가 아들의 살을 먹을 것이요 딸의

살을 먹을 것이며… 내가 너희의 성읍을 황폐하게 하고… 내가 너희를 여러 민족 중에 흩을 것이요 내가 칼을 빼어 너희를 따르게 하리니 너희의 땅이 황무하며 너희의 성읍이 황폐하리라"(레 26:27-33).

이스라엘 백성이 삶에서 불안과 두려움을 극복하고 살 수 있는 핵심적인 방안은 하나님의 말씀을 청종하는 데 있었다. 하나님께 회개하지 않고 계속 목이 곧고 마음이 완악한 상태로 살 때 그들이 두려워하고 피하려던 구체적인 심판이 닥쳐오게 되어 있었다.

하나님의 약속과 경고는 신실하며 그대로 이루어진다. 북이스라엘과 남유다의 역사는 이 레위기에 기록된 경고의 말씀대로, 일점일획도 가감 없이 그대로 성취된 불순종의 역사였다.

그러나 하나님은 '그럼에도 불구하고'의 사랑을 베푸시는 분이다. 불순종으로 인한 심판이 뒤따르는 안타까운 상황이 온다 할지라도 하나님은 이스라엘 백성을 완전히 포기하지 않고 언약을 완전히 파기하지 않겠다는 약속을 하심으로써 그들의 근본적인 불안을 해결해 주셨다(레 26:44-45 참조). 하나님은 당신의 삶에도 동일한 경고를 하신다. 하나님의 말씀에 순종하는 것은 안전하고 평안한 삶을 사는 비결이다.

5 율법에 강박적으로 매이지 말라

고린도 교회 성도들은 혹시 우상에게 드려진 제물을 먹게 될까 봐 불안해했다. 바울은 모든 음식은 선하기 때문에 양심을 위하여 묻지 않고 먹으면 죄가 되지 않는다고 가르침으로써 그들이 불필요한 불안을 느끼지 않도록 했다. 그러나 우상 제물인 줄 알고 먹거나 다른 성도들이 오해할 수 있는 상황에서 우상 제물을 먹는 것은 형제를 실족하게 하는 것이라고 가르쳤다(고전 8장 참조). 음식 자체가 정하거나 부정한 것이 아니라 그것을 대하는 태도가 정하거나 부정한 것을 가름한다고 한 것이다.

현재 그리스도인들은 구약의 먹는 것과 관련된 규정을 더 이상 지키지 않는다. 먹는 것과 관련된 율법에서 자유하다. 무엇이든지 먹을 수 있다. 그런데 여전히 음식 규정에서 율법을 지켜야 한다고 믿는 자들이 있다. 안식교인들은 지금도 강박적이라고 할 만큼 음식 규정을 지킨다. 유대교인들도 마찬가지다. 당신이 염두에 두어야 할 원칙은 "먹든지 마시든지 무엇을 하든지 다 하나님의 영광을 위하여"(고전 10:31)이다.

안식교 목사로 있다가 기독교로 개종한 분과 식사를 같이한 적이 있다. 그는 복음을 바로 알고 있지만 습관적으로 금기시해 온 음식을 여전히 먹지 않는다고 했다. 예를 들면, 장어구이, 추어탕, 그리고 삼겹살과 같은 음식이다. 이와 같이 오랜 식사 습관으로 음식을 먹지 않는 것은 죄가 아니다. 특정한 음식에 알레르기 반응이 있어서 먹지 않는 것 또한 삶의 지혜다. 그러나 금기시한 음식에 대한 불안이 여전히 남아 있다면 치유가 필요하다.

믿는 자들은 하나님의 말씀에 순종하는 것이 당연하며 지혜로운 일이다. 하나님의 말씀 중에서 특히 금지 규정들은 당신에게 유익하도록 주신 것이다. 하나님의 속성과 어긋나는 것임을 알려 주시기 위해서다. 십계명이 대표적인 경우다. 십계명은 하나님을 잘 섬기고 이웃을 사랑하며 자기 삶의 행복을 위해서 꼭 지키는 것이 유익하다. 십계명을 무시하고 살면서도 불안을 느끼지 못한다면 하나님을 경외하는 삶이 아니다. 성경 말씀 전체에 대하 태도도 마찬가지다.

현재 그리스도인들은 안식일을 더 이상 율법적으로 지키지 않는다. 요일도 토요일이 아닌 일요일을 주의 날로 지키고 있다. 구약의 안식일과 신약의 주일은 연속성과 불연속성을 갖고 있다. 구약의 안식일 정신은 십계명의 일부로서 여전히 지켜져야 한다. 안식하며 예배하며 신앙의 성장을 위하여 한 날을 구별하여 지키는 것은 유효하며 유익하다. 그러나 규정의 세부적인 내용과 절차와 방식은 더 이상 유효하지 않다는 점에서 불연속적이다.

주일 성수를 할 때 구약의 안식일처럼 강박적으로 지키는 것은 율법주의가 될 가능성이 높다. 하지만 주일 성수의 정신이 점점 희박해져 가는 현대 한국 교회의 현실에서 성도들은 주일 성수에 대해서 좀 더 경각심을 가지고 적절한 불안을 느껴야 한다. 주일 성수 정신이 무너지면 하나님을 경외하는 마음이 희박해진다. 예배 출석도 경시된다는 점을 명심해야 한다. 목사들은 종종 주일 성수의 정신을 강단에서 강조해야 할 것이다.

당신의 신앙생활은 혹시 율법주의적인가? 강박적이며 세부적인 내용에 목숨을 거는 편인가? 아니면 혹시라도 십계명이 무엇인지조차 모르고 신앙생활을 하고 있지는 않은가?

나는 주일학교 시절 국기에 대한 경례가 우상 숭배 죄에 해당한다는 아버지의 가르침을 받고 난 뒤로는 국기에 대한 경례를 하지 않았다. 당시에는 매주 월요일에 전교생이 조회를 하면서 국민의례를 하였는데 다른 아이들이 국기에 대한 경례의 표식으로 오른손을 왼쪽 가슴에 올릴 때 나는 차려 자세로 서 있으면서 얼마나 불안했는지 모른다. 선생님한테 적발돼 교무실로 불려 가서 혼쭐이 날까 봐 가슴이 콩닥콩닥했다. 그런 까닭에 조회 시간은 내겐 피하고 싶은 시간이었다. 고등학교에 들어가서는 교련 시간마다 불안했다. 집총한 채로 국기에 대한 경례를 해야 하는데 차려 자세로 있으려니 불안했던 것이다. 잘못된 지식으로 성장기의 아이가 감당하기 힘든 불안과 씨름하느라 불안 덩어리로 살았다고 해도 과언이 아니었다. 믿음의 분량도 생기고 분별력도 생기게 된 후에야 국기에 대한 경례를 하면서도 더 이상 불안을 느끼지 않게 되었다.

복음의 진리에서 벗어난 율법주의나 강박적인 종교행위는 신앙인을 불안 덩어리로 만들어 이 땅을 믿음으로 살지 못하고 불안과 씨름하게 만드는 '누룩'이다. 바울은 이것을 '다른 복음' 또는 '누룩'이라고 표현했다(갈 1:6, 5:9). 그는 갈라디아 교회 내에 가만히 들어온 거짓 교사들을 경계하면서 "어찌하여 다시 약하고 천박한 초등학문으로 돌아가서 다시 그들에게 종 노릇 하려 하느냐 너희가 날과 달과 절기와 해를 삼가 지키니 내가 너희를 위하여 수고한 것이 헛될까 두려워하노라"(갈 4:9-11); "내가 할례를 받는 각 사람에게 다시 증언하노니 그는 율법 전체를 행할 의무를 가진 자라 율법 안에서 의롭다 함을 얻으려 하는 너희는 그리스도에게서 끊어지고 은혜에서 떨어진 자로다"(갈 5:3-4)라고 훈계했다.

당신은 예수 그리스도의 십자가 보혈의 은혜로만 구원을 얻었다. 당신의 어떤 의로운 행동이나 율법 준수가 구원에 영향을 줄 수 없다. 하나님과의 관계에서 율법이 걸림돌이 아니라 디딤돌이 되어야 한다. 당신은 율법의 정죄에서 이미 자유한 자다. 사탄의 속임수에 넘어가 평생 두려움과 씨름하는 자가 되지 말라.

6 믿는 자의 죽음은 귀하다

모든 사람은 누구도 예외 없이 죽음에 이르며 이는 인간에게 불안을 야기한다. 믿는 자들도 죽는다. 그러나 시편 기자는 "그의 경건한 자들의 죽음은 여호와께서 보시기에 귀중한 것이로다"(시 116:15)라고 노래했다. 하나님 앞에서 죽는 자의 죽음은 복되며 귀하다. 특히 그의 이름을 위하여 죽는 자는 복되다.

　　북이스라엘 여로보암 왕의 아들이 병들었을 때 그는 불안을 느꼈다. 불길한 예감이 들었는지 아내에게 변장한 차림으로 실로에 있는 선지자 아히야를 만나서 아이의 병의 추이를 물어보라고 시켰다(왕상 14:1-3). 하나님은 무슨 말을 해 주어야 할지 미리 아히야의 입에 넣어 주셨다. 그가 여로보암의 아내에게 한 말은 듣는 입장에서는 충격적인 이야기였다. 여로보암의 집을 말갛게 "거름 더미를 쓸어버림같이" 쓸어버리겠다고 하셨고(왕상 14:10) 여로보암의 아내의 발이 성읍에 들어갈 때에 앓던 아들이 죽을 것이라고 말씀하셨다(왕상 14:12). 사실 이 아들은 자기의 죄 때문이 아니라 아버지의 죄때문에 죽게 된 것이었다. 하나님은 묘실에 들어가 장사될 수 있는 여로보암의 후손은 이 아들밖에 없을 것이라고 말씀하시면서 이 아들이 신실한 자였음을 인정하셨다: "온 이스라엘이 그를 위하여 슬퍼하며 장사하려니와 여로보암에게 속한 자는 오직 이 아이만 묘실에 들어가리니 이는 여로보암의 집 가운데에서 그가 이스라엘의 하나님 여호와를 향하여 선한 뜻을 품었음이니라"(왕상 14:13). 이름도 없이 빛도 없이 스러져 간 그 아들은 신앙적으로 더럽혀진 환경에서도 여호와 신앙을 꽃피우고자 했던 귀한 하나님의 자녀였다.

　　치명적인 병에 걸려도 살고 싶은 것이 인간의 본능이다. 하나님께 살려 달라고 부르짖고 기도했는데도 가족이 죽을 때 신앙에 위기가 올 수 있다. 사람이 이해할 수 없는 죽음이라고 할지라도 거기에는 하나님의 크신 섭리와 계획이 있다. 여로보암의 아들의 죽음도 사람의 시선으로는 선뜻 이해하기 어렵다. 죄를 범한 여로보암 왕이 징계를 받아 죽어야 할 것 같은데 오히려 하나님이 인정한 아들이 일찍 죽은 것이다. 그러나 결과적으로는 죽어서 묘실에 안장되며 백성이 그 죽음을 귀하게 여기고 슬퍼한 여로보암의 후손은 이름도 표기되지 않은 그 아들뿐이었다. 이는 이해할 수 없는 죽음을 겪은 자들에게 위로가 된다.

7   극심한 두려움이 신앙적 부흥을 가져올 수도 있다

하나님은 형 에서를 만나야 하는 극심한 불안 상황에서 밤에 홀로 있는 야곱에게 낯선 사람의 모습으로 찾아오셨다. 자신의 전략과 방식으로 삶을 이끌어 오던 야곱이 더 이상 자신의 힘으로 살아가지 않도록 하기 위하여 하나님은 친히 그의 상대가 되어 주셨다.

야곱은 그 장소를 브니엘이라고 명명하였는데 "내가 하나님과 대면하여 보았으나 내 생명이 보전되었다"(창 32:30)는 의미였다. 하나님을 대면한다는 것은 참으로 두렵고 떨리는 일이다. 그러나 야곱은 부지중에 천사를 만났고 하나님을 만났다. 그것도 그가 가장 답답하고 두려운 순간에 하나님이 그를 만나 주신 은총을 입은 것이다.

이와 같이 당신의 여정에도 하나님은 때로 낯선 사람의 모습으로 '갑자기' 나타나셔서 '놀라게' 하시며 '축복'하신다. 특히 사망의 음침한 골짜기를 통과할 때에 하나님의 지팡이와 막대기가 당신을 위로하며 당신이 두려움을 극복하도록 도와주신다.

두려워할 때 예기치 않은 시간과 장소에 야곱을 찾아오신 하나님은 오늘도 당신이 겪는 불안과 두려움의 상황에서 '낯선' 사람의 모습으로 찾아오신다. 당신을 두려움으로 무너지게 하기 위해서가 아니라 두려움을 통해 하나님의 얼굴을 대면할 수 있는 기회를 주시기 위해서다. 전화위복의 경험을 하게 하시기 위해서다. 두려움 때문에 예수 그리스도를 영접하고 하나님을 만나게 된 성도들이 적지 않다.

약 20년 만에 이루어진 에서와의 불편하고 두려웠던 만남이 놀랍게 해결되었지만 야곱의 삶에는 또 다른 위기가 기다리고 있었다. 딸 디나가 세겜의 족장 아들에게 강간을 당한 사건이 벌어진 것이다. 시므온과 레위가 벌인 대살육 사건으로 야곱은 에서와의 만남에 버금가는 실존적인 두려움을 느꼈다: "나는 수가 적은즉 그들이 모여 나를 치고 나를 죽이리니 그러면 나와 내 집이 멸망하리라"(창 34:30). 이때 하나님은 그에게 "일어나 벧엘로 올라가서 거기 거주하며… 거기서 제단을 쌓으라"(창 35:1)고 그의 갈 곳과 해야 할 일을 지시해 주셨다. 위기 상황에서 어찌할 바를 모를 때 하나님은 구체적으로 야곱의 삶을 인도해 주셨다.

야곱은 두려움의 상황에서 큰 결단을 내린다: "너희 중에 있는 이방 신상들을 버리고 자신을 정결하게 하고 너희들의 의복을 바꾸어 입으라 우리가 일어나 벧엘로 올라가자"(창 35:2-3). 야곱과 함께한 모든 가족과 종들은 "자기 손에 있는 모든 이방 신상들과 자기 귀에 있는 귀고리들을" 야곱에게 주었다. 야곱은 그것들을 "세겜 근처 상수리나무 아래에 묻고"(창 35:4) 그곳을 떠났다. 극심한 두려움이 그와 그의 가족들에게는 옛 삶을 청산하고 새 삶을 시작하는 계기가 되었다. 신앙적 부흥을 가져오는 기회가 된 것이다.

야곱이 겪은 두려움의 사건들이 당신에게 시사하는 교훈이 있다. 하나님은 당신이 위기에 처했을 때 구체적인 말씀으로 가르쳐 주시며, 갈 길을 여시며, 당신의 삶에서 위기가 변화의 계기가 되게 하신다. 걸림돌조차 신앙적으로 하나님께 더 가까이 가게 하는 디딤돌이 되게 하신다. 즉 두려움이 변하여 찬송이 될 수 있다. "그 두려움이 변하여 내 기도 되었고 전날의 한숨 변하여 내 노래 되었네"라는 찬송 가사가 당신의 고백이 되길 바란다.

chapter 9

다시 불안한 나와 마주하기

불안과 두려움 대처하기 4

하나님 나라에 가기까지 성도들은 이 땅에서 나그네와 순례자의 삶을 살아간다. 이 순례의 길에서 당신은 당신을 불안하게 하며 두렵게 만드는 예측하지 못한 사건들과 사람들을 만나게 된다. 바울이 고백한 것처럼 당신이 어렸을 때에는 생각하는 것과 깨닫는 것과 아는 것이 어린 아이와 같아서 부분적으로 알고 부분적으로 대처할 수밖에 없었다. 그러나 당신이 신체적으로, 심리적으로, 관계적으로, 그리고 영적으로 성장할수록 전체적으로 볼 수 있으며 성숙하게 대처할 수 있는 능력을 갖게 된다. 성경은 당신의 인생 여정 가운데 예기치 못했던 관계상의 불안과 두려움에 직면했을 때 어떻게 대처할 것인가에 대해서 당신의 시각을 열어 주는 지혜와 통찰을 제공한다.

1 갈등을 인식하고 직면하라

"가축과 은과 금이 풍부"(창 13:2) 했던 아브라함은 "양과 소와 장막"이 있는 일행이자 조카인 롯과 동거하다가 위기의 순간을 맞게 되었다. 아브라함이 거느린 목자들과 롯의 목자들이 서로 목초지를 놓고 다투는 일이 벌어졌는데, 그것은 그들이 목축하던 땅이 "그들이 동거하기에 넉넉하지 못하였"(창 13:6)기 때문이다. 이때 아브라함이 롯에게 대처 방안을 제시했다: "우리는 한 친족이라 나나 너나 내 목자나 네 목자나 서로 다투게 하지 말자 네 앞에 온 땅이 있지 아니하냐 나를 떠나가라 네가 좌하면 나는 우하고 네가 우하면 나는 좌하리라"(창 13:8-9).

아브라함이 취한 행동의 긍정적인 면은 갈등 상황을 인식하고 적극적으로 개입한 것이다. 갈등 상황을 인식하지 못했거나 인식하고도 아무런 대처 없이 회피만 했다면 목자들 사이에서 살인 사건까지 벌어졌을지도 모른다.

갈등 상황에서 대처 방안을 제시하고 롯에게 선택권을 준 것에서 아브라함의 성숙함을 엿볼 수 있다. 아브라함도 롯이 보았던 것처럼 "여호와의 동산 같고 애굽 땅"과 같은 요단 지역의 온 땅에 물이 넉넉한 것을 보지 못했을 리 없다. 그러나 조카 롯에게 선택권을 줌으로써 갈등이 증폭되는 것을 막는 지혜로움과 성숙함을 보였다.

반면에 롯은 삼촌 아브라함에게 양보하는 미덕을 보이지 못했다. 자신의 눈에 더 나아 보이는 요단 온 지역을 선택하였고 마침내 "그 지역의 도시들에 머무르며 그 장막을 옮겨 소돔까지"(창 13:12)가는 잘못된 선택을 하고 말았다. 이로써 롯은 갈등 상황에서 보기에 좋아 보이는 것을 좇은 대표적인 인물이 되었다. 롯은 눈에 보이지 않는 소돔과 고모라의 영적 상태를 보지 못했다. 결과론적인 이야기지만, 차라리 자신의 목축업을 좀 줄이고 포기하더라도 하나님의 말씀과 인도가 있는 아브라함의 집에 머무르는 편을 선택했더라면, 그의 삶은 달라졌을지도 모른다. 기차의 선로가 갈라지는 첫 지점에선 방향이 크게 다르지 않지만 멀어질수록 종착역이 완전히 달라지듯이 롯의 이 선택은 두고두고 아쉬운 선택이 되었다. 창세기 기자는 롯이 소돔까지 이르렀다고 한 뒤 바로 다음 절에 "소돔 사람은 여호와 앞에 악하며 큰 죄인이었더라"(창 13:13)고 덧붙임으로써 롯이 사실을 보지 못했음을 지적하고 있다.

당신은 갈등이 생겨 관계가 불안해질 때 어떤 식으로 대처하는가? 갈등을 모른 척하고 회피하는가? 갈등을 없애기 위해 상대방에게 순응하는가? 아니면 직면해서 해결하려고 시도하는가? 물론 회피할 수도 있고 순응할 수도 있다. 그러나 반복적으로 회피하거나 순응하는 것은 문제 해결에 도움이 되지 않는다. 장기적으로 고통을 가져오게 된다. 당장은 좀 불편하고 힘들더라도 직면하는 것이 장기적으로 유익하다.

2 온유함을 견지하라

블레셋에 거주하던 아비멜렉과 그의 군대장관 비골이 강성해진 아브라함과 평화의 맹세를 할 때 아브라함은 아비멜렉의 종들이 자신의 우물을 빼앗은 일에 대해 아비멜렉을 책망했다(창 21:25). 아브라함은 자신이 우물을 판 증거로서 일곱 암양 새끼를 따로 구별하여 아비멜렉에게 줌으로써 자신의 경계선을 지혜롭게 지키는 힘을 발휘했다(창 21:29-30 참조). 이 행동은 그의 아들 이삭이 비슷한 상황에서 보인 행동과 좋은 대조를 이룬다.

이삭이 거부가 되었을 때 블레셋 사람들이 그를 시기하여 "그 아버지 아브라함 때에 그 아버지의 종들이 판 모든 우물을 막고 흙으로" 메우고 아비멜렉이 이삭에게 "네가 우리보다 크게 강성한즉 우리를 떠나라"(창 26:15, 16)고 했을 때 이삭은 그곳을 떠나는 행동을 취했다. 이삭의 종들이 골짜기를 파서 샘 근원을 얻었을 때 그랄 목자들이 이삭의 목자들과 다투며 "이 물은 우리의 것이라"고 주장하자 이삭은 다른 우물을 팠으며 또 그 때문에 다투자 "거기서 옮겨 다른 우물"(창 26:20-22)을 팠다. 더 이상 다투지 않을 때까지 인내하는 이삭의 모습은 긍정적으로 해석될 수 있다. 그러나 그가 싸우는 것을 싫어해서 회피하는 행동을 했다고 해석할 수도 있다. 아무튼 장기적인 결과로 본다면, 이삭이 취한 온유한 행동은 원수 관계가 될 수 있는 걸림돌을 극복하는 데 유익했다: "여호와께서 너와 함께 계심을 우리가 분명히 보았으므로 우리의 사이 곧 우리와 너 사이에 맹세하여 너와 계약을 맺으리라… 너는 우리를 해하지 말라… 이제 너는 여호와께 복을 받은 자니라"(창 26:28-29). 오히려 아비멜렉이 이삭을 두려워하여 공격적인 행동을 하게끔 한 것으로 해석될 수 있다.

이삭이 불안한 상황에서 대처한 방식을 통해 당신이 배울 수 있는 것은 무엇인가? 갈등 상황에서 일일이 싸우고 자신의 입장을 관철하기보다 마음을 넓혀서 양보하고 자신이 주장할 수 있는 권리마저 내려놓을 수 있는 용기와 믿음을 갖는 것이다. 강박적으로 옳고 그름을 따지기보다 가능하면 평화를 추구하는 것이 그리스도인의 삶의 양식이다. 예수님은 그런 삶의 양식을 지지하셨다: "또 눈은 눈으로, 이는 이로 갚으라 하였다는 것을 너희가 들었으나 나는 너희에게 이르노니 악한 자를 대적하지 말라 누구든지 네 오른편 뺨을 치거든 왼편도 돌려 대며 또 너를 고발하여 속옷을 가지고자 하는 자에게 겉옷까지도 가지게 하며 또 누구든지 너로 억지로 오 리를 가게 하거든 그 사람과 십 리를 동행하고 네게 구하는 자에게 주며 네게 꾸고자 하는 자에게 거절하지 말라"(마 5:38-42). 바울 사도도 같은 의미의 권면을 하였다: "아무에게도 악을 악으로 갚지 말고 모든 사람 앞에서 선한 일을 도모하라 할 수 있거든 너희로서는 모든 사람과 더불어 화목하라… 네 원수가 주리거든 먹이고 목마르거든 마시게 하라 그리함으로 네가 숯불을 그 머리에 쌓아 놓으리라 악에게 지지 말고 선으로 악을 이기라"(롬 12:17-21). 쉬운 가르침이 아니다. 그러나 당신이 이 가르침에 순종하는 삶을 살면 마음을 넓히는 것이다. 웬만한 불안과 두려움은 오래 머물지 않고 사라질 것이다.

모세가 구스 여인을 아내로 맞아들인 것에 대해 형과 누나인 아론과 미리암이 모세를 비방했을 때 그들 사이에 불안과 긴장이 흘렀다. 아론과 미리암은 모세를 깎아내렸다: "여호와께서 모세와만 말씀하셨느냐 우리와도 말씀하지 아니하셨느냐"(민 12:2). 이 구절 바로 다음에 민수기 기자는 흥미롭게도 "이 사람 모세는 온유함이 지면의 모든 사람보다 더하더라"(민 12:3)고 주석을 달았다.

70명의 지도자들 중에 회막에 나아오지 않고 진중에 머물러 있던 두 명, 엘닷과 메닷이라는 사람에게 하나님의 영이 임했다. 그들이 진중에서 예언했을 때 여호수아는 "내 주 모세여 그들을 말리소서"(민 11:28)라고 다소 불안한 마음으로 모세에게 보고했다. 이때 모세는 불안이나 시기심 대신에 그의 온유함을 잘 드러냈다: "네가 나를 두고 시기하느냐 여호와께서 그의 영을 그의 모든 백성에게 주사 다 선지자가 되게 하시기를 원하노라"(민 11:29). 여호수아가 그들을 시기했다는 것은 마음에 불안이 있었음을 말해 준다.

자신에게만 권위와 능력을 집중시키고 다른 지도자들의 힘마저 약화시키는 '쫀쫀한' 지도자는 내면적으로 불안에 매우 취약한 자다. 그러나 모세는 많은 백성을 품는 과정에서 오히려 온유한 지도자로 변화한 하나님의 사람이었다.

혹시라도 당신은 강박적이며 사소한 일에 목숨 거는 리더인가? 그렇다면 당신 내면의 불안을 자각하라. 통제하고 싶은 욕구를 인식하고 내려놓으라. 그리고 당신을 따르는 사람들의 불안과 고통을 생각해 보라. 당신이 마음을 넓히면 당신이 이해하고 품을 수 있는 사람들이 많아질 것이다. 사람들은 온유한 지도자를 존경하고 따른다.

3   약속은 신중히 하고 반드시 지키라

사회생활을 하다 보면 구두로나 문서상으로 약속하는 일이 많다. 계약서는 구약시대부터 있었던 오랜 전통이다. 인장이나 사인으로 날인함으로써 쌍방 간에 생길 수 있는 불편하고 고통스러운 관계에 대한 불안과 두려움을 방지하는 순기능이 있기 때문이다. 합법적으로 작성된 계약서는 법적인 보장 장치가 된다는 점에서 불안 상황을 예방해 주는 순기능 역할을 한다.

당신이 인간관계에서 약속을 잘 지키고 신실하면 불필요한 갈등이 일어나지 않을 것이다. 상대방의 불안한 마음을 공감하고 약속을 지키면 세상을 밝게 하며 안심할 수 있는 환경을 만드는 데 기여할 수 있다.

맹세는 대인관계에서나 사회적인 관계에서 서로를 신뢰하게 하는 순기능이 있다. 그러나 사이코패스적인 사람이 맹세를 악용하면 오히려 불신을 증폭시키는 역기능도 있다.

야곱의 장인 라반은 자신의 딸들에 대한 분리불안과 미래에 있을 수도 있는 야곱과의 불편한 관계를 예방하기 위하여 언약식을 가졌다. 야곱과 라반의 아들들은 돌을 모아다가 무더기를 만들고 라반은 그 무더기를 아람 방언으로 '여갈사하두다'라고 명명하고 야곱은 히브리 방언으로 '갈르엣'(증거의 무더기라는 뜻)이라고 명명했다(창 31:47). '미스바'라고도 불렀는데 그 의미는 라반의 말에 "우리가 서로 떠나 있을 때에 여호와께서 나와 너 사이를 살피시옵소서"(창 31:49)라는 뜻이었다. 즉 하나님을 증인으로 하고 돌무더기가 증거가 됨으로써 그들 사이에 한 약속을 서로 지키겠다는 서약의 표현이었던 것이다.

라반은 딸들과 헤어지면서 느끼는 분리불안을 다음과 같이 표현했다: "만일 네가 내 딸을 박대하거나 내 딸들 외에 다른 아내들을 맞이하면 우리와 함께할 사람은 없어도 보라 하나님이 나와 너 사이에 증인이 되시느니라"(창 31:50). 이 장면은 라반에게는 진정한 의미에서 딸들과 심리적으로, 경제적으로, 물리적으로 분리되는 결혼식을 연상하게 한다. 레아와 라헬에게는 아버지 라반에게서 완전히 떨어지는 시점이기도 했다.

라반과 야곱은 이 돌무더기 언약식을 통하여 서로에게 느낄 수 있는 불안과 두려움을 내려놓을 수 있었다. 라반의 말에서 서로에 대한 적개심과 불안을 내려놓겠다는 의지를 볼 수 있다: "이무더기가 증거가 되고 이 기둥이 증거가 되나니 내가 이 무더기를 넘어 네게로 가서 해하지 않을 것이요 네가 이 무더기, 이 기둥을 넘어 내게로 와서 해하지 아니할 것이라 아브라함의 하나님, 나홀의 하나님, 그들의 조상의 하나님은 우리 사이에 판단하옵소서"(창 31:52-53). 야곱은 "그의 아버지 이삭이 경외하는 이를 가리켜 맹세"하였다(창 31:53). 이 돌무더기와 돌기둥은 그들에게 일종의 DMZ(De-Militarized Zone)의 역할을 하였던 것이다.

하나님은 "나귀나 소나 양이나 다른 짐승을 이웃에게 맡겨 지키게 하였다가 죽거나 상하거나 끌려가도 본 사람이 없으면"(출 22:10) 맡은 사람이 억울하게 배상해야 하는 상황을 피할 수 있는 방안을 제시하셨다. 그것은 자신이 "이웃의 것에 손을 대지 아니하였다고 여호와께 맹세"(출 22:11)하는 방안이었다. 그때 임자는 "그대로 믿을 것이며" 맡은 자는 배상하지 않아도 되었다. 하나님께 맹세하는 최고의 불안을 부과함으로써 증인이 없을 때 맡은 자의 억울함을 피할 수 있도록 방안을 주신 것이다. 그리고 맡기는 자와 맡는 자 사이에서 생겨날 수 있는 불안의 요소를 지혜롭게 대처할 수 있도록 하셨다.

엘리야 선지자가 아합의 왕궁을 맡은 오바댜를 만나서 자신이 아합을 만날 것이라는 말을 전하라고 했을 때 오바댜는 말을 전한 후에 하나님께서 엘리야를 자신이 알지 못하는 곳으로 이끌어 가시면 자신만 죽게 된다고 대답했다(왕상 18:12). 이때 엘리야는 "내가 섬기는 만군의 여호와께서 살아 계심을 두고 맹세하노니 내가 오늘 아합에게 보이리라"(왕상 18:15)고 맹세했다. 이 맹세는 오바댜가 죽음을 무릅쓰고 아합에게 엘리야의 말을 전할 수 있는 용기를 주었다. 이와 같이 하나님의 이름으로 맹세하는 것은 신자들과의 관계에서 생길 수 있는 불안과 두려움을 극복하고 용기 있게 행동하는데 도움을 줄 수 있다.

문제는 하나님을 경외하는 마음이 줄어들면 하나님의 이름으로 맹세하는 것에 대해서 두려워하지 않을 수 있다는 것이다. 그렇게 되면 하나님의 이름이 망령되이 일컫게 되는 위험성이 있다. 예수님 당시에는 이 맹세가 오용되고 남용되었다. 이는 마땅히 느껴야 할 불안을 제대로 느끼지 못하는 사람들이 적지 않았음을 말해준다: "옛 사람에게 말한 바 헛맹세를 하지 말고 네 맹세한 것을 주께 지키라 하였다는 것을 너희가 들었으나 나는 너희에게 이르노니 도무지 맹세하지 말지니… 오직 너희 말은 옳다 옳다, 아니라 아니라 하라 이에서 지나는 것은 악으로부터 나느니라"(마 5:33-37). 예수님은 거짓 맹세할 수 있는 인간의 연약함과 위험성을 아시기 때문에 악을 방지하기 위하여 일절 맹세하지 말라고 말씀하신 것이다.

양심이 화인 맞은 사람들은 자기의 유익을 구하기 위해 눈도 깜박이지 않고 거짓 맹세를 한다. 이런 자들에게는 하나님의 영원한 심판이 기다리고 있다.

맹세는 분명히 신뢰감을 주며 불안을 감소시키는 순기능이 있다. 그러나 무의식의 역동을 이해한다면 의식적으로는 맹세했지만 무의식적으로는 방어 기제로 사용할 위험성이 있다. 그러므로 타인의 맹세를 액면 그대로 다 믿고 받아들이는 어리석음은 피해야 한다. 비둘기같이 순결하되 뱀같이 지혜로운 관계 능력을 통해 맹세를 순기능적으로 활용할 필요가 있다.

인간은 맹세를 해도 이를 지킬 수 있는 능력이 없다. 맹세할 때는 진심으로 하지만 시간이 흐르고 상황이 바뀌면 지키지 못할 수도 있다. 따라서 맹세할 때는 신중해야 한다. 예수님 말씀처럼 맹세 수준으로 약속하지 않는 것이 지혜롭다. 지키지 못할 수도 있는 자신의 연약함을 겸손하게 인정하는 것이 필요하다.

4   이성적이고 합리적으로 논박하라

기드온이 밤중에 바알의 제단을 헐며 아세라 목상을 찍어서 그 나무로 새로 쌓은 제단에 번제를 드렸다. 아침이 밝자 성읍 사람들이 이 같은 행동을 한 사람이 기드온임을 알게 되었다. 그들은 기드온의 아버지인 요아스에게 찾아가 항의했다: "네 아들을 끌어내라 그는 당연히 죽을지니 이는 바알의 제단을 파괴하고 그 곁의 아세라를 찍었음이니라"(삿 6:30). 당시 이스라엘 백성의 영적인 상태를 그들의 불안과 분노에서 엿볼 수 있다. 그들은 우상 숭배하는 자를 끌어내 이와 같이 죽여야 했음에도 불구하고 그들 자신이 바알과 아세라 우상을 섬기던 어리석은 자들이었다.

이때 비록 자신도 우상 숭배를 했지만 아들이 죽을지도 모르는 위급한 상황에서 지혜롭게 대처하는 아버지 요아스의 지혜가 놀랍다: "너희가 바알을 위하여 다투느냐 너희가 바알을 구원하겠느냐 그를 위하여 다투는 자는 아침까지 죽임을 당하리라 바알이 과연 신일진대 그의 제단을 파괴하였은즉 그가 자신을 위해 다툴 것이니라"(삿 6:31). 그의 지혜로운 논박은 성읍 사람들의 두려움과 분노를 가라앉혔다.

이 경우에서처럼 이성적이며 논리적으로 사고할 수 있는 것은 불안한 상황을 대처할 때 도움을 주는 일반은총이다. 불안을 다스리는 방법은 반드시 신앙적인 방법만 있는 것이 아니다. '모든 지혜'를 잘 사용하는 것은 선한 청지기로서 이 땅을 살고 있는 당신을 향한 하나님의 뜻이다.

5 창의적으로 생각함이 지혜다

다윗이 압살롬과 전투를 벌인 후 예루살렘 왕궁으로 귀환하던 중에 이스라엘 백성의 마음이 분열되었다. 다윗의 출신 지파인 유다를 제외한 나머지 열한 지파 사람들이 베냐민 지파 출신인 비그리의 아들 세바를 추종하여 나라가 분열될 위험에 놓인 것이다. 요압을 비롯한 다윗의 군사들은 세바가 있는 성의 벽을 헐고 모두 멸하려고 했다. 이때 성 안에 있던 한 지혜로운 여인이 요압을 설득했다. 성 안의 사람들이 세바의 목을 베어 요압에게 주기로 협상을 해서 백성의 목숨을 살린 것이다(삼하 20:14-22 참조). 이 여인은 이름도 기록되지 않았지만 멸망의 위기에서 성의 모든 백성을 살리는 중요한 역할을 했다. "호랑이에게 물려 가도 정신만 차리면 산다"는 말처럼 위험한 상황에서 한 여인의 지혜가 온 성의 생명과 평안을 지켰다.

불안한 상황에서 창의적인 방안을 생각해 낼 수 있는 것이 지혜다. 지혜자는 전두엽을 잘 활성화시키는 능력이 있다. 뇌의 회로 중에서 즉각적이고 충동적인 회로 대신에 정보를 합리적으로 처리하는 회로를 잘 사용할 수 있는 사람이 심리적으로나 영적으로 성숙한 사람이다. 이런 사람이 한 명이라도 있으면 그 공동체는 위기에서 벗어날 수 있다.

"하늘이 무너져도 솟아날 구멍이 있다"는 말이 있듯이 100퍼센트 파국적인 상황은 없다. 사방이 막혀도 하늘은 열려 있다. 생각을 전환하면 아무리 공포스러운 상황이라도 지혜를 발휘해 대처할 수 있다.

6 관계에서 느끼는 불안을 인식하고
상황에 적절하게 대처하라

느껴야 할 불안을 자각하는 것은 대인관계에서 위험성을 감지하고 대처하는 데 꼭 필요하다. 불안의 이 같은 순기능을 균형 있게 사용하면 비둘기같이 순결하면서도 뱀처럼 지혜로울 수 있다.

야곱은 라반과 자신이 제안한 방식으로 품삯을 정하였고 그런 그를 하나님이 축복하셨으므로 거부가 되었다. 이때 라반의 아들들이 불안을 느끼고 시기 어린 말로 사실을 왜곡했다: "야곱이 우리 아버지의 소유를 다 빼앗고 우리 아버지의 소유로 말미암아 이 모든 재물을 모았다"(창 31:1). 야곱이 이 말을 듣고 장인 "라반의 안색을 본즉(noticed) 전과 같지 아니"(창 31:2)한 것을 알아차렸다.

야곱이 라반과 자신 사이에 긴장감이 감돈다는 것을 알아차린 것은 불안의 긍정적인 기능이었다. 만약 야곱이 라반과 그의 아들들의 불만과 시기심을 알아차리지 못했다면 어떤 일을 당했을지 알 수 없다. 그러나 야곱이 이 불안을 자각함으로써 마침내 고향으로 돌아가겠다는 결심을 하게 되었다. 이 과정에서 하나님이 야곱에게 직접 말씀하셨다: "네 조상의 땅 네 족속에게로 돌아가라 내가 너와 함께 있으리라"(창 31:3).

관계에서 느껴지는 불안은 일종의 '센서'(sensor) 역할을 한다. 너무 민감해도 곤란하다. 상대방이 의도하지 않은 면까지 느끼거나 생각하면 편집적이 될 수 있다. 반대로 너무 둔감해도 곤란하다. 상대방이 보내는 '큐'(cue) 사인을 알아차리고 적절하게 대처해야 관계가 건강하게 유지될 수 있기 때문이다. 관계에도 소위 '눈치'가 있어야 한다.

7 책임을 위임하라

광야에 있는 모세를 방문한 그의 장인 미디안 제사장 이드로는 모세의 행동을 보고 이스라엘 장로들도 알아차리지 못한 이슈를 발견했다. 그것은 "모세가 백성을 재판하느라고 앉아 있고 백성은 아침부터 저녁까지 모세 곁에 서 있는"(출 18:13) 장면이었다. 이드로는 "네가 하는 것이 옳지 못하도다 너와 또 너와 함께한 이 백성이 필경 기력이 쇠하리니 이 일이 네게 너무 중함이라 네가 혼자 할 수 없으리라"(출 18:17-18)고 문제점을 잘 진단해서 피드백한 후 처방전까지 제공해 주었다: "내가 네게 방침을 가르치리니… 온 백성 가운데서 능력 있는 사람들 곧 하나님을 두려워하며 진실하며 불의한 이익을 미워하는 자를 살펴서 백성 위에 세워 천부장과 백부장과 오십부장과 십부장을 삼아 그들이 때를 따라 백성을 재판하게 하라 큰 일은 모두 네게 가져갈 것이요 작은 일은 모두 그들이 스스로 재판할 것이니 그리하면 그들이 너와 함께 담당할 것인즉 일이 네게 쉬우리라"(출 18:19-22).

모세는 장인의 피드백을 따라 곧바로 사람들에게 자신의 권한을 위임했다. 이를 통해 모세가 강박성 성격장애가 있어서 권한을 위임하지 못한 것이 아니라 몰라서 그랬다는 것을 알 수 있다. 모세는 아말렉과의 전투에서도 여호수아에게 전쟁의 책임을 위임했다. 산꼭대기에 올라 손을 들고 기도할 때에도 혼자 가지 않고 아론과 훌을 대동했다. 그는 기꺼이 권한과 책임을 분담할 줄 아는 사람이었다(출 17:8-12 참조). 시내 산에 여호수아와 함께 올라갈 때도 모세는 "아론과 훌이 너희와 함께하리니 무릇 일이 있는 자는 그들에게로 나아갈지니라"(출 24:14)고 자신의 책임과 권위를 아론과 훌에게 위임했다. 그러나 이 재판 사건 하나만 놓고 보면, 모세가 책임감이 지나치고 완벽주의의 불안이 있었음을 짐작할 수 있다.

이드로는 백성의 불안과 불만이 증폭되는 동시에 모세의 불안과 탈진도 증가될 수 있는 상황에서 불필요한 불안을 대폭 감소시키는 중요한 역할을 했다. 하나님은 적절한 때에 장인 이드로를 보내 주셨다. 모세는 장인의 말을 적극 받아들여 "모든 작은 일은 스스로 재판"(출 18:24, 26)할 수 있는 시스템을 갖추었다. 출애굽기 기자는 이드로의 등장과 퇴장을 다음과 같이 기록하고 있다: "모세가 그의 장인을 보내니 그가 자기 땅으로 가니라"(출 18:27). 이드로는 모세의 40년 광야 여정에 잠시 나타났다가 사라지지만 모세와 백성의 불필요한 불안을 감소시키는 '과정 대상'(transitional object)이자 탁월한 슈퍼바이저였다.

당신의 삶에서도 이드로와 같은 사람이 필요하다. 당신이 미처 인식하지 못한 이슈를 잘 진단하고 지혜롭게 피드백해 줄 수 있는 상담자와 같은 사람이 필요하다. 특히 불안과 두려움과 씨름하는 중요한 시기에 그런 '과정 대상'을 만나는 것은 하나님의 은총이다. 그런 점에서 전문적인 상담사의 도움을 받는 것은 유익하다. 특히 불안장애를 겪고 있다면 공감능력이 뛰어나면서도 실력 있는 상담사나 정신과 의사를 만나서 도움을 받는 것이 불안과 두려움의 의미를 발견하고 극복하는 데 유익하다: "한 사람이면 패하겠거니와 두 사람이면 맞설 수 있나니 세 겹줄은 쉽게 끊어지지 아니하느니라"(전 4:12).

이드로뿐이 아니었다. 하나님이 직접 책임을 분담하는 방안을 모세에게 제시하시기도 했다. 이스라엘 백성이 만나로는 만족하지 못하고 고기 타령을 하며 불평했을 때(민 11:4-13 참조) 모세는 지쳐서 하나님께 항변했다: "어찌하여 주께서 종을 괴롭게 하시나이까…책임이 심히 중하여 나 혼자는 이 모든 백성을 감당할 수 없나이다 주께서 내게 이같이 행하실진대 구하옵나니 내게 은혜를 베푸사 즉시 나를 죽여 내가 고난당함을 내가 보지 않게 하옵소서"(민 11:11-15). 이때 하나님은 70명의 장로와 지도자를 모아서 회막 앞에 서도록 하고 "네게 임한 영을 그들에게도 임하게 하리니 그들이 너와 함께 백성의 짐을 담당하고 너 혼자 담당하지 아니하리라"(민 11:17)고 방안을 제시해 주셨다.

당신도 모세와 같은가? 다른 사람들이 미덥지 않은가? 혼자서 일을 떠맡고 나중에 지쳐서 화가 나는가? 일을 제때 마무리하지 못하고 마감일을 넘길 때가 많은가? 일을 전반적으로 미루어서 하는가? 그렇다면 당신은 강박성 성격장애적 요소가 있을 가능성이 높다. 삶의 전반에 불안이 깔려 있어서 스스로 통제하고 싶어 하는 욕구가 클 가능성이 높다. 어렵더라도 작은 부분에서부터 일을 분담하고 위임해 보자. 그러면 대인관계에서 불필요한 불안과 분노가 조금씩 줄어드는 것을 경험하게 될 것이다. 더 나아가 하나님께 당신 삶의 통제권을 조금씩 위임해 보라. 당신이 통제권을 행사할 때보다 기대 이상으로 결과가 좋을 것이다.

8 심리적·신앙적 맷집을 길러라

예수님이 이방 지역인 두로와 시돈 지방에 가셨을 때 가나안 여자가 예수님께 소리 질렀다: "주 다윗의 자손이여 나를 불쌍히 여기소서 내 딸이 흉악하게 귀신 들렸나이다"(마 15:22). 그런데 예수님은 이 여인에게 한마디도 대꾸하지 않으셨다. 제자들이 예수님께 "그 여자가 우리 뒤에서 소리를 지르오니 그를 보내소서" 하고 청하자 예수님이 이같이 거절하셨다: "이스라엘 집의 잃어버린 양 외에는 다른 데로 보내심을 받지 아니하였노라"(마 15:24). 그래도 여인이 더 가까이 와서 절하며 도와달라 하자 예수님은 "자녀의 떡을 취하여 개들에게 던짐이 마땅하지 아니하니라"(마 15:26) 하며 냉정하게 거절하셨다. 평소 예수님의 모습과 전혀 다른 냉정한 반응이었다.

이때 여인은 충격을 받아 얼어 버리거나 분노하지 않았다. 오히려 너무 차분할 정도로 반응했다: "주여 옳소이다마는 개들도 제 주인의 상에서 떨어지는 부스러기를 먹나이다"(마 15:27). 여인은 예수님의 말씀을 모욕으로 받아들이지 않았다. 오히려 자신이 이방인인 것을, 그리고 주님의 도움이 전적으로 필요한 무력한 존재임을 겸손히 인정하며 주님의 자비를 구했다. 예수님은 그런 그녀를 축복하셨다: "여자여 네 믿음이 크도다 네 소원대로 되리라"(마 15:28).

흉악한 귀신에 들린 딸을 고치려는 간절함과 예수님의 능력과 자비를 구하는 가나안 여인의 믿음은 거절불안을 야기하는 상황에서 그녀로 하여금 수치와 모욕을 감내하며 직면하는 용기를 갖게 했다. 그녀는 심리적인 맷집과 신앙적인 맷집이 있는 여인이었다.

당신에게도 이 이방 여인과 같은 심리적, 신앙적 맷집이 있는가? 거절당하고 모욕을 당해도 얼어 버리지 말아야 한다. 거절과 모욕 뒤에 있는 또 다른 그림, 또 다른 가능성을 동시에 보는 눈을 열어야 한다. 특히 하나님이 거절하실 때는 분명히 뜻이 있다. 기도했는데 기도에 응답이 없거나 기도했던 것과 정반대의 결과가 나와서 실망한 적이 있는가? 당신의 생각과 하나님의 생각이 다를 수 있다는 사실을 잊지 말라.

9 당신만 불안한 것이 아니다

"오직 나만 남았거늘"이라고 외로움을 호소하는 엘리야의 불안을 감소시켰던 것은 북이스라엘에서 자신만 고통을 겪고 있는 것이 아니라는 새로운 인식이었다. 하나님은 호렙 산에서 그에게 새로운 사명을 주신 후에 "내가 이스라엘 가운데에 칠천 명을 남기리니 다 바알에게 무릎을 꿇지 아니하고 다 바알에게 입맞추지 아니한 자니라"(왕상 19:18)고 엘리야의 인식의 지평을 넓혀 주셨다. 아합과 이세벨에 의해 모든 백성이 바알 종교로 돌아서고 자신만 남았다며 외로움을 호소하는 엘리야에게 하나님은 그럼에도 이 암흑 시대에 신실한 자가 7천 명이나 남았다고 위로하셨다. 전도서의 말씀처럼 "한 사람이면 패하겠거니와 두 사람이면 맞설 수 있나니 세 겹줄은 쉽게 끊어지지 아니"(전 4:12)한다.

혹시 당신은 불안과 두려움 때문에 삶이 고통스러울 정도로 힘든 상태에 있는가? 여러 형태의 공포증, 외상후 스트레스장애, 강박장애, 공황장애와 같은 불안 관련 장애로 약을 복용하고 있는가? 당신과 같은 고통으로 씨름하는 사람들이 적지 않다는 사실에 힘을 얻기 바란다. 집단 상담이 치료에 도움이 되는 이유 중 하나가 바로이 '고난의 보편성'이다.

10 변화 과정에서 불안 증상이 심해지는 것을 두려워하지 말라

상담을 받고 증상이 더 악화되는 경우가 종종 있다. 부부싸움도 더하게 되고 이전보다 더 마음이 아프고 우울할 수도 있다. 이것은 치료 과정에서 거쳐야 할 단계 중 하나다. 회피함으로 증상이 충분히 드러나지 않았던 마음 세계가 새로운 인식을 통해 억압해 온 이슈들과 직면하여 고통을 고통으로 받아들이면서 더 힘들게 느껴지는 것이다.

신앙 여정에서도 예수를 믿겠다고 고백하고 하나님께 신앙적으로 헌신된 삶을 살려고 할 때 예기치 않은 위기가 닥치고 두려움을 야기하는 일들이 발생하는 경우가 종종 있다. 어떤 이들은 이 상황을 인내로 극복하지 못하고 옛 삶으로 회귀하기도 한다. 불안한 상황에서 옛 삶의 패턴으로 회귀함으로써 안정을 찾아보려 하기 때문이다.

모세와 아론이 바로에게 가서 백성을 보내어 하나님께 제사할 수 있게 해 달라고 요청했을 때 바로는 백성을 더 고통스럽게 했다. 벽돌을 만드는 데 필요한 짚을 백성이 알아서 구해서 짚을 공급하던 때와 똑같은 양의 벽돌을 만들라고 한 것이다. 바로는 현실적으로 거의 불가능한 요구를 함으로써 백성의 불안을 가중시켰다. 바로에게 직접 호소했지만 바로는 "너희가 게으르다 게으르다"(출 5:17) 하면서 전혀 타협하지 않았다. 이렇듯 상황이 도리어 악화되자

이스라엘 백성은 모세와 아론을 원망했다(출 5:20-21 참조).

구원의 과정, 치료의 과정의 큰 그림을 보지 못하면 고통이 악화되거나 증상이 심해질 때 그것이 일시적인 과정이며 반드시 거쳐야 할 과정임을 깨닫지 못하고 불안해하며 쉬운 길로 가기 쉽다. 상담의 경우 이 시점에서 내담자들은 저항을 경험하며 더 이상 치료 과정으로 나아가려 하지 않는다. 지혜로운 상담자는 이것이 일어날 수 있음을 내담자에게 미리 알려 주거나 잘 설명해 줌으로써 불필요한 저항을 줄일 수 있다.

모세도 처음에는 백성의 불안을 동일하게 느꼈다. 백성의 분노 반응을 보고 당황한 모세가 하나님께 기도하는 내용에서 모세의 불안을 느낄 수 있다: "주여 어찌하여 이 백성이 학대를 당하게 하셨나이까 어찌하여 나를 보내셨나이까 내가 바로에게 들어가서 주의 이름으로 말한 후로부터 그가 이 백성을 더 학대하며 주께서도 주의 백성을 구원하지 아니하시나이다"(출 5:22-23); "이스라엘 자손도 내 말을 듣지 아니하였거든 바로가 어찌 들으리이까 나는 입이 둔한 자니이다"(출 6:12); "나는 입이 둔한 자이오니 바로가 어찌 나의 말을 들으리이까"(출 6:30). 모세가 자신의 불안을 대처하는 데 필요했던 것은 출애굽의 역사는 자신의 말의 능숙함에 있는 것이 아니라 하나님의 능력과 섭리에 달려 있음을 깨닫는 믿음이었다. 하나님 나라는 말에 있지 않고 하나님의 능력에 있기 때문이다.

애굽 왕 바로는 여러 재앙들을 당한 뒤 불안과 두려움에 휩싸여 재앙을 없애 주면 이스라엘 백성이 광야에서 제사를 드릴 수 있도록 해 주겠다고 약속하지만 그 약속을 아홉 번이나 어기고 다시 이전 모습으로 돌아가는 행동을 반복했다. 이것은 죄의 역동성이자 중독의 역동성이기도 하다. 바로는 이스라엘 백성의 노동력에 중독적으로 의존했기 때문에 그 노동력을 잃는 것에 대해서 매우 불안해했다. 영적으로 본다면 이스라엘을 종으로 삼았던 애굽은 마귀처럼 이스라엘에게 쉽게 자유를 주지 않았다. 심지어 물리적으로는 홍해를 건너서 광야에 나옴으로써 이스라엘은 애굽에서 구별 짓기 한 자유민이 되었지만 그들의 마음은 위기를 당할 때마다 애굽과 연결 짓기 하려는 종의 의식을 갖고 있었다.

고통스러운 증상이 잠정적으로 지나가면 근본적인 변화를 시도하기 어렵다. 바로는 고통스러운 증상을 회피하는 데 급급하던 어리석은 왕이었다. 그는 증상이 사라지면 다시 옛 마음의 상태로 되돌아가는 강퍅함을 보였다. 바로의 모습은 오늘을 살아가는 많은 현대인들의 모습이자 신앙인들의 자화상이다.

하나님은 자기 자녀들의 근본적인 변화를 위하여 징계하신다. 증상을 오랫동안 유지하도록 하심으로써 고통을 장기적으로 겪도록 허용하신다. 장기적인 고통과 고난이 성도의 내면의 품성을 다듬는 데 도움이 되기 때문이다. 특히 성격장애가 치료되는 과정에서는 고통스러운 증상이 지속되는 것이 유익할 때가 많다. 고질화되어서 반복적인 틀이 장기적인 고난을 통해서 서서히 와해될 수 있기 때문이다.

당신의 삶에서 불안과 두려움이 쉽게 사라지면 얼마나 좋겠는가? 그러나 불안과 두려움이 장기적으로 당신을 고통스럽게 하는 것이 반드시 나쁜 것만은 아니다. 불안과 두려움이라는 고통이 당신을 '순전한 마음'을 가진 성도로 빚는 데 유익할 수 있다. 당신의 마음에 치료가 일어나는 데 에너지를 제공할 수 있다. 더 나아가 예수 그리스도만 의지하며 믿음을 성장시키는 데 밑거름이 될 수 있다. 따라서 불안과 두려움이 쉬 없어지지 않는다고 좌절하지 말라. 오히려 긍정적으로 생각하고 삶에서 친구처럼 맞아들이라. 불안과 두려움은 자기가 해야 할 몫을 다한 후에는 사라질 것이다.

11 호모포비아는 경보장치다

'호모포비아'(homophobia)라는 용어가 있다. 동성애자에 대한 공포증을 표현하는 용어로, 동성애자를 기피하고 두려워하는 현상을 의미한다. 호모포비아는 학습으로 생길 수 있지만 생득적인 면도 있다. 순리가 아닌 관계에 대한 불안과 불편함이 개인과 사회 그리고 문화에 존재하기 때문이다. 동성 친구로는 친하게 지내지만 성적인 관계로 진전되려 하면 어색함, 긴장감, 두려움, 또는 혐오감이 저절로 생긴다. 하나님이 인간에게 본성적으로 심어 주신 감정이라고 본다. 동성의 사람들이 성적으로 가까워지는 것을 금하기 위해 하나님이 심어 주신 경보장치가 호모포비아라고 볼 수 있다.

하나님은 이스라엘 백성에게 율법으로서 동성애를 명시적으로 금지하셨다: "너는 여자와 동침함같이 남자와 동침하지 말라 이는 가증한 일이니라"(레 18:22). 이어서 하나님은 인간이 동물과 성관계하는 것을 금지하셨다: "너는 짐승과 교합하여 자기를 더럽히지 말며 여자는 짐승 앞에 서서 그것과 교접하지 말라 이는 문란한 일(perversion)이니라"(레 18:23); "남자가 짐승과 교합하면 반드시 죽이고 너희는 그 짐승도 죽일 것이며 여자가 짐승에게 가까이하여 교합하면 니는 여자와 짐승을 죽이되 그들을 반드시 죽일지니 그들의 피가 자기들에게로 돌아가리라"(레 20:15-16).

인간이 짐승과 성관계를 하면 짐승과 같은 수준으로 타락하는 것이다. 하나님의 형상을 가진 인간이 동물적인 수준으로 전락하는 것이다.

이런 성적인 풍습이 가나안 땅의 풍습이었다. 하나님은 그 모든 일로 가나안 족속들을 심판하셨다: "너희는 이 모든 일로 스스로 더럽히지 말라 내가 너희 앞에서 쫓아내는 족속들이 이 모든 일로 말미암아 더러워졌고 그 땅도 더러워졌으므로 내가 그 악으로 말미암아 벌하고 그 땅도 스스로 그 주민을 토하여 내느니라 그러므로 너희 곧 너희의 동족이나 혹은 너희 중에 거류하는 거류민이나 내 규례와 내 법도를 지키고 이런 가증한 일의 하나라도 행하지 말라 너희가 전에 있던 그 땅 주민이 이 모든 가증한 일을 행하였고 그 땅도 더러워졌느니라 너희도 더럽히면 그 땅이 너희가 있기 전 주민을 토함 같이 너희를 토할까 하노라 이 가증한 모든 일을 행하는 자는 그 백성 중에서 끊어지리라 그러므로 너희는 내 명령을 지키고 너희가 들어가기 전에 행하던 가증한 풍속을 하나라도 따름으로 스스로 더럽히지 말라 나는 너희의 하나님 여호와이니라"(레 18:24-30). 이 말씀은 이스라엘 백성이라도 가나안 족속의 풍습을 행하면 멸망시키겠다는 경고를 담고 있다.

동성애의 보편적인 현상은 이미 가나안의 여러 민족들에게서 행해지던 풍습이었다. 소돔과 고모라의 경우도 동성애가 행해지고 있었다(벧후 2:6-7 참조). 그러나 하나님은 이 행위를 가증한 행위로 규정하셨고 명시적으로 금지하셨다: "누구든지 여인과 동침하듯 남자와 동침하면 둘 다 가증한 일을 행함인즉 반드시 죽일지니 자기의 피가 자기에게로 돌아가리라"(레 20:13).

오늘날 동성애 자체를 관용적으로 해석하려는 신학자들과 목회자들이 늘고 있다. 미국에서는 동성애 결혼과 주례를 허용하는 교단까지 생겼다. 이들은 동성애를 금지하는 레위기의 율법을 다른 정결법 수준으로 전락시킴으로써 희석시킨다. 월경하는 여성이 부정하게 간주되는 율법이 더 이상 의미가 없듯이 동성애 규정도 마찬가지라고 해석한다. 심지어 신정국가의 틀 속에서 한정적이며 일정한 기간 동안만 유효했던 규정으로 해석함으로써 동성애를 죄악시하지 않는다. 이 같은 접근은 동성애를 옹호하기 위해 명시적인 말씀을 희석, 왜곡하는 것이다. 심지어 신약에서 사도 바울이 명시적으로 언급한 동성애에 대한 정죄 본문도 다른 의미로 재해석해 버리는 무모함을 보여 준다. 텍스트(text)보다 컨텍스트(context)를 더 중요시하기 때문이다. 인본적인 접근이다.

바울 사도는 하나님을 떠난 인간의 타락한 모습과 상실한 마음의 모습을 우상 숭배와 동성애, 그리고 각종 죄의 양상을 통해서 고발하였다: "모든 불의, 추악, 탐욕, 악의가 가득한 자요 시기, 살인, 분쟁, 사기, 악독이 가득한 자요 수군수군하는 자요 비방하는 자요 하나님께서 미워하시는 자요 능욕하는 자요 교만한 자요 자랑하는 자요 악을 도모하는 자요 부모를 거역하는 자요 우매한 자요 배약하는 자요 무정한 자요 무자비한 자라"(롬 1:29-31). 바울은 "이 같은 일을 행하는 자는 사형에 해당한다고 하나님께서 정하심을 알고도 자기들만 행할 뿐 아니라 또한 그런 일을 행하는 자들을 옳다 하느니라"(롬 1:32)고 지적했다. 이는 동성애가 이 모든 죄들과 마찬가지로 사형에 해당하는 치명적인 죄라고 규정한 하나님의 뜻을 알고도 자기도 행하며 그렇게 살아가는 자들도 옳다고 옹호해 주는 목회자들과 신학자들에 대해서 경고하는 말씀이다.

동성애를 옹호하는 자들은 "이 때문에 하나님께서 그들을 부끄러운 욕심에 내버려 두셨으니 곧 그들의 여자들도 순리대로 쓸 것을 바꾸어 역리로 쓰며 그와 같이 남자들도 순리대로 여자 쓰기를 버리고 서로 향하여 음욕이 불 일듯 하매 남자가 남자와 더불어 부끄러운 일을 행하여 그들의 그릇됨에 상당한 보응을 그들 자신이 받았느니라"(롬 1:26-27)는 명시적인 동성애 금지 말씀조차 다른 의미로 해석한다. 교만이나 자랑, 시기와 같은 죄 수준으로 희석시킨다. 물을 타는 것이다. 그래서 동성애가 그렇게 치명적인 죄가 아니라고 해석하는 교만죄를 범하고도 두려워하지 않는다.

하나님의 엄중한 말씀을 진지하게 받아들이지 않는다. 불안해하거나 두려워하거나 주저함이 없이 분명하게 금지하신 것을 인본적으로 해석하는 데 적극적이다. 자신들의 왜곡된 해석으로 말미암아 많은 사람들을 미혹된 길로 인도한다는 두려움을 느끼지 않는다. 오히려 그들을 대변하는 것이 하나님의 뜻인 것처럼 호도한다. 하나님의 말씀에 대해 소경이 되어 소경을 인도하는 셈이다. 이 글 자체에 대해서도 비판할 것이다. 소수자들의 아픔과 고통을 공감할 줄 모르는 꽉 막힌 보수주의자라고 말이다.

이미 동성애 결혼제도를 허용한 여러 나라들과 미국의 여러 주들, 심지어 미국 교단들을 생각하면 참으로 우려스럽다. 기독교인들에게 상당한 불안을 야기하는 현상이 아닐 수 없다. 당신도 이 불안을 느껴야 한다. 일반 정신의학계나 상담학계에서는 동성애자들이 점점 많아지고 있기 때문에 이들을 더 이상 비정상으로 볼 수 없다고 주장한다. 진보적인 신학의 입장에 있는 상담사들이 다수인 미국목회상담협회(AAPC)가 공식적으로 동성애에 대해 옹호적인 입장을 견지한 지는 꽤 오래되었다. 동성애자를 상담이나 심리치료의 대상으로 보지 않은 지도 오래되었다.

그러나 진리는 숫자의 많고 적음에 있는 것이 아니다. 가나안 족속들의 입장에서 볼 때 동성애는 당연한 것이며 정상적인 것이었다. 오히려 이성애만 인정하는 이스라엘 백성을 이해할 수 없었을 것이다. 통계 치수에 따라서 정상과 비정상을 규정하는 정신의학자들의 진단 기준은 가변적이며 상대적이다. 시대가 바뀌면 정상이 비정상이 되고 비정상이 정상이 될 수 있다. 정신의학의 진단은 절대적인 기준과 가치에 바탕을 둔 것이 아니기 때문이다.

믿지 않는 사람들이 자신의 정체성을 동성애자라고 규정하거나 동성 결혼을 하겠다는 것도 우려할 일이다. 그러나 소위 믿는 자들 중에도 동성애자들이 있다는 사실은 더 우려할 만한 일이다. 예수 그리스도를 믿는 믿음을 고백하면서도 자신의 성적인 정체성을 포기하지 않고 동성애를 죄로 보지 않으려는 것은 안타까운 일이다. 동성애는 병리적인 행동인 동시에 죄다. 동성애자도 용서 받을 수 있는 죄인이다. 그러나 죄를 죄로 인정해야 치유와 용서가 가능하다.

교회는 죄를 죄로 지적하고 선포하며 용서와 회복을 외칠 수 있어야 한다. 성경적인 진리를 거스르면서까지 동성애를 정당화하며 합법화하려는 것은 교회의 교회다움을 해치는 일이다. 동성애자들의 아픔과 고통을 공감하지 못하는 것이 아니라 그들이 죄를 죄로 인식하지 못하는 것이 안타까운 것이다.

미국의 목회상담학계에서는 동성애를 죄라고 말하는 자들이 오히려 소수집단이고 다수의 목회상담사들이 관용적이거나 우호적이거나 아니면 옹호적인 입장을 취하고 있다고 한다. 넓은 문으로 들어서며 넓은 길을 갈 것인가, 아니면 성경의 진리를 타협하지 않고 좁은 문으로 들어서며 좁은 길을 갈 것인가? 믿는 자들은 결단해야 한다.

아직 한국 교회는 동성애에 대해서 비성경적이며 죄라고 규정하고 있다. 그러나 자유주의 신학의 입장을 견지하는 이들의 끈질긴 활동에 의해 곧 압도당할 수도 있다. 한국 교회는 이 점을 유의하며 성경적 진리를 타협하는 교회로 전락하지 않도록 노력해야 한다. 지역 교회와 교단들이 네트워킹을 통해 입장을 계속해서 표명하는 것도 꼭 필요한 일이다. 동성애는 가나안 민족들이 하나님의 심판을 받은 핵심적인 문제였음을 명심해야 한다.

에이즈(AIDS)가 반드시 동성애와 관련해서 생기는 것은 아니지만 적지 않은 동성애자가 이 병에 걸려 생을 마감하고 있다는 사실에서 두려움과 경각심을 가져야 한다. 동성애에 대해 성경적 입장을 견지하지 못할 때가 올지도 모른다는 사실에 두려움을 느껴야 한다. 그것으로 핍박을 당해도 의미가 있지만 말이다.

성경적인 진리를 선포함이 불법으로 간주되는 것이 두려운 일이다. 공산국가에서 복음을 전하는 것이 불법인 것과 같이 말이다.

나는 이 책에서 성경 말씀을 통해 불안과 두려움을 대처하는 방안에 초점을 맞추고자 했다. 목회상담학자로서 나는 불안과 두려움을 어떻게 하나님과 연결 짓기 할 것인가에 많은 분량을 할애했다. 수직적인 차원은 보이지 않는 영역이다. 당신이 더 의식화하고 더 자주 의지해야 할 자원은 '보이지 않는 세계'에 있다. 이때 당신의 믿음이 자란다. "믿음은 보이지 않는 것의 증거"다.

이 땅을 살아가는 모든 인간은 실존적인 불안을 느껴야 한다. 개인적인 종말의 순간이 언제 올지 예측할 수 없기 때문이다. 더 나아가 우주적인 종말의 순간도 도적같이 올 수 있기 때문이다. '동작 그만'의 순간이 오면 더 이상 구원받을 가능성이 없다는 사실을 심각하게 받아들여야 한다. 타작마당에서 자신이 알곡이 아니라 쭉정이임이 드러나게 된다면 너무나 두려운 일이다: "쭉정이는 꺼지지 않는 불에 태우시리라"(마 3:12). 많은 현대인들이 이 영원한 심판을 두려워하지 않는다. 영원한 지옥의 형벌에 대해서 불안해하지 않는다. 아예 의식세계에서 차단해 버린다. 참으로 두려운 일이다.

예수님은 권능을 가장 많이 행하셨지만 회개하지 않는 고라신과 벳새다 마을 주민들을 향하여 책망하셨다: "화 있을진저 고라신아 화 있을진저 벳새다야 너희에게 행한 모든 권능을 두로와 시돈에서 행하였더라면 그들이 벌써 베옷을 입고 재에 앉아 회개하였으리라 내가 너희에게 이르노니 심판 날에 두로와 시돈이 너희보다 견디기 쉬우리라 가버나움아 네가 하늘에까지 높아지겠느냐 음부에까지 낮아지리라 네게 행한 모든 권능을 소돔에서 행하였더라면 그 성이 오늘까지 있었으리라 내가 너희에게 이르노니 심판 날에 소돔 땅이 너보다 견디기 쉬우리라"(마 11:21-24). 특히 교만한 자들은 심판에 대한 불안을 거의 느끼지 않는다. 소돔 사람들이 그랬다. 현대인들도 그렇다. 자신이 죄인임을 깨닫지 못한 채 평화롭게 이 세상을 사는 사람들은 영원한 심판이 있다는 사실조차 비웃는다.

노아 시대 사람들과 소돔과 고모라 사람들과 거짓 선지자들과 이스라엘 백성만 불안을 느끼지 못했던 것이 아니다. 하나님을 믿지 않고 예수 그리스도의 십자가 은혜를 받지 않고 사는 모든 사람들은 개인적인 종말과 우주적인 종말의 시간이 있다는 사실에 대해 불안과 두려움을 느끼지 않는다. 지옥에서 영원한 심판을 받는다는 성경의 경고를 무시한다. 불안이나 두려움을 느껴야 갈등과 고민을 하는데 보이는 세상이 전부라고 생각해서 죽음 후에는 아무것도 없다고 말한다. 참으로 강심장을 가진 자들이다. 구원에 이르는 두려움을 느껴야 한다. 몸과 영혼을 능히 지옥불에서 멸하시는 하나님에 대하여 두려워해야 구원을 받을 수 있다.

　　베드로 사도는 심판에 대해 두려움을 느끼지 못하는 사람들을 향하여 성경적인 진리로 다음과 같이 경고했다: "먼저 이것을 알지니 말세에 조롱하는 자들이 와서 자기의 정욕을 따라 행하며 조롱하여 이르되 주께서 강림하신다는 약속이 어디 있느냐 조상들이 잔 후로부터 만물이 처음 창조될 때와 같이 그냥 있다 하니… 이로 말미암아 그때에 세상은 물이 넘침으로 멸망하였으되 이제 하늘과 땅은 그 동일한 말씀으로 불사르기 위하여 보호하신 바 되어 경건하지 아니한 사람들의 심판과 멸망의 날까지 보존하여 두신 것이니라"(벤후 3:4-7). 이 본문에서 조롱하는 자들은 최소한 만물이 하나님의 창조로 생겨난 것임을 인정하는 자들이다. 자칫 하나님을 믿는다고 하면서도 실제로는 하나님의 심판과 예수 그리스도의 재림에 대해서 거의 생각하지 않고 현세적인 삶에 집착해서 살아가는 자가 될 수 있음을 자각하고 정신을 차려야 한다.

알파와 오메가가 되시는 하나님은 창조와 타락과 구속의 과정을 거쳐서 온 우주를 심판하실 날을 정하신 심판장이시다. 베드로 사도는 이어서 마지막 심판이 예기치 않게, 순식간에 임할 것임을 예언했다: "그러나 주의 날이 도둑같이 오리니 그날에는 하늘이 큰 소리로 떠나가고 물질이 뜨거운 불에 풀어지고 땅과 그중에 있는 모든 일이 드러나리로다"(벧후 3:10). 성도들에게 그날은 두려움의 날이 아니다. 기쁨과 환희의 날이다. 해방과 자유의 날이다. 그러나 심판을 받을 자들에게는 두려움과 공포의 날이다. 요한은 여섯 번째 인을 뗄 때에 일어난 광경에서 이 날을 잘 묘사했다.

큰 지진이 나며 해가 검은 털로 짠 상복같이 검어지고 달은 온통 피같이 되며 하늘의 별들이 무화과나무가 대풍에 흔들려 설익은 열매가 떨어지는 것같이 땅에 떨어지며 하늘은 두루마리가 말리는 것같이 떠나가고 각 산과 섬이 제자리에서 옮겨지매 땅의 임금들과 왕족들과 장군들과 부자들과 강한 자들과 모든 종과 자유인이 굴과 산들의 바위틈에 숨어 산들과 바위에게 말하되 우리 위에 떨어져 보좌에 앉으신 이의 얼굴에서와 그 어린 양의 진노에서 우리를 가리라 그들의 진노

의 큰 날이 이르렀으니 누가 능히 서리요 하더라 계 6:12-17

당신은 이 날이 오고 있다는 인식을 하면서 살고 있는가? 종말론적인 관점은 당신이 삶에서 '깨어 있게' 하며 경건한 삶을 살도록 하는 데 꼭 필요하다. 크고 두려운 날이 있음을 모른 채 평안하게 살아가는 주변 사람들이 실존적인 두려움을 느끼도록 기회가 되는 대로 전해야 한다. 노아의 홍수와 소돔과 고모라의 멸망은 우주적인 심판의 날이 예고 없이 있을 것임을 예표하는 하나님의 계시 사건이었음을 잊지 말자.

실존적으로는 "내일 지구의 종말이 온다고 할지라도 나는 한 그루의 사과나무를 심겠다"고 말한 스피노자처럼 종말에 대한 두려움으로 압도되지 않고 현재의 삶을 용기 있게, 자유롭게 살아가는 당신이 되길 바란다.

내일 일을 위하여 염려하지 말라 내일 일은 내일이 염려할 것이요 한 날의 괴로움은 그날로 족하니라 마 6:34